上達の法則

効率のよい努力を科学する

岡本浩一
Okamoto Kouichi

PHP新書

JN227809

はじめに

上達には法則がある。

それが本書の骨子である。

上達するためにはその法則を会得していることが大切である。

上達はたんに鍛錬の量や時間だけで決まるものではない。上達の法則に合った鍛錬が上達を生むのである。たとえば、何年もやっているのに英会話がマスターできない人がいるかと思えば、わずか二年くらいで、本格的な英会話ができるようになる人がいる。

この違いは、英会話の練習法が上達の法則にかなっていたかどうかなのである。

昔から、一芸に秀でた人は他の芸にも秀でると言われる。それがすべての場合にあてはまるかどうかはわからないが、あてはまるとすれば、一芸を通じて暗黙裡に会得した上達の法則が、他の技能の習得にもあてはまるからだろう。

これまで暗黙裡に了解されていた上達の法則を、きちんと分析整理して、ひとつの方法論として解説するのが、本書の狙いである。認知心理学、学習心理学、記憶心理学などをベースに上達法を科学的に分析した。

これから、はじめて一芸に秀でようという人は、本書の上達の法則を知ることによって、自分の上達と学習の筋道をあらかじめ思い描くことができる。また、勉強や練習の方法について周囲から受けるいろいろな助言のうち、理にかなった助言と理にかなわぬ助言を識別することもできるようになる。

すでに一芸に秀でた経験のある人は、上達の法則と自身の経験を照らし合わせることにより、一芸にとどまらず、上達のために必要な修練の条件を深く理解し、他芸の上達や後進の指導に役立てることができる。

お役に立つはずである。

本書を参照しながら、なにかひとつ、上達してみていただきたい。仕事の資格でも、英会話でも、パソコンの使い方でも、習い事でも何でもよい。何でもよいから、なにかひとつ、深く上達する経験を持っていただきたい。

上達を積み重ねていくと、ある日突然、ものの見え方が変わるという経験をする。いままで見慣れていたものが突然新しい意味の輝きを持ち、いままで見過ごしていたものがよく見えるようになる。上達することによって、認知構造が変容するからである。

認知構造がこのように変容した人は、もう決して後戻りしない上達の水準に達したのである。そのとき、たんに一芸に秀でただけでなく、上達という現象の経験者としての広い意味での余裕がその人の人柄に訪れる。

本書はそのプロセスの知的理解と方法論とを提供するものである。

能力主義の時代と言われる。そのような現代に要求されるのは、個々の狭い能力を個別に身につけていることだけではなく、上達という現象を自己の経験として深く知っていることからもたらされる本当の意味での心理的余裕であると確信している。

岡本浩一

上達の法則

目次

第二章　上達と記憶のしくみ

第四章 上達の方法論――中級者から上級者になるステップ

第五章　スランプの構造と対策

第一章 能力主義と上達の法則

1 上達のすすめ

上達することの意味

仕事をしている限り、私たちは絶えず新しい知識や技術や技能の習得に迫られる。新しい資格を取得したり、新製品について知識を取得したり、新しいコンピュータソフトを使いこなしたりする必要性に絶えず迫られる。

また、仕事を離れると、趣味の世界で、心の翼を心地よく伸ばすことが、よい休憩になり、明日の仕事に対する活力を再充電してくれる。けれども、趣味であっても、やる限りは上達したい。何年やっても技量が進まないのでは、イヤになってくるし、自分自身が楽しめない。万年初心者ではつまらない。

そういうときにまわりを見ると、なにをやっても、しばらくするとある水準まで上手になる人がいるものである。

そういう人は、もともと才能があるのかも知れないし、いわゆる器用な人なのかも知れない。たとえ接待といっても、ゴルフをそつなくこなし、自分もほどほどに楽しみ、カラオケに行けば、酔客がふと静かに耳を傾けたりする程度には歌を歌い、英語が必要となればいつの間にか身につけている。見ていると、器用貧乏という言葉では片づけにくい。そうかといって額に汗して必死に努力する感じでもない。ものすごく進歩が速いというわけではないが、一定時間の後にはきちんとこなしている。

新しい仕事や難度の高い仕事を与えられても、いつの間にかきちんと自分のものにしている。そういう人がいるものである。あいつに任せておけばとりあえずある線まではきちんとやりそうだ。そんな感じに信頼できる雰囲気がただよっている。そんな人がいるものである。

そういう人は、じつは、上達の法則を身体で知っている人なのである。多くの場合、子どもの頃に、なにかをかなり深く身につける経験を通じて、上達の一般則を体得しているのである。その体得が、新しいものを身につけるときに自然に活かされるのである。

上達には法則がある。近道でなく、法則がある。

その法則が把握できている人は、努力の効率がよい。

同じ努力をするのなら、せめて効率の悪くない努力をしたいものである。

変化についてこられる人

能力主義の時代になったと言われる。終身雇用的な職業観の時代が終わろうとしている。職業のIT化によって、同じ職業についていても、つぎつぎに新しい知識、新しい感覚を取り込むことが必要になってきている。ここ十年間の職場の変化だけを見ても、多くの職場で、一卓にパソコンが一台ずつあるのはあたりまえになってきているし、社内の稟議や相談もLAN（企業内情報通信網）の使用があたりまえになっている。OSもソフトもつぎつぎと更新される。社内のプレゼンテーションに、プレゼンテーション用のソフトを使うのもあたりまえになってきている。事務的な仕事だけでもこれだけの変化があるのだが、それに加えて、多くの産業で、規制緩和等による資格や商品知識の多様化が急速に起こっている。そして、身の回りを見ると、そのような変化に、ある程度悠々とついてきている人と、ギリギリでついてきている人と、置いてきぼりになりつつある人がいる。さらには、変化についてこられるだけでなく、その先どのような状況になりそうかをある程度正確に予測できる人までいる。一方、その対極には、変化そのものがストレスになる人がいる。

変化に気後れせずついてこられる人は、上達ということを自分なりに摑んでいる人である。上達ということを自分の経験として摑んでいると、いざというときにはきちんと追いつけるという自信があるので、必要な技能は身につけ、いますぐ必要でない技能の習得は、自分の判断で見送るという心理的な自由度があるのだ。

そういう人は、職場で見ていても安心感がある。いま、どうにもできない技能でも、あの人なら、いざ必要となればきちんと間に合わせるだろうという信頼感がある。

まだなにもしていなくても潜在的にこのように信頼される人と、間に合わないのではないかと信頼してもらえない人とでは、大きな差があると考えざるを得ない。この種の信頼を勝ち得る人は、往々にして、上達を知っている人なのである。

ゼロサム時代のアイデンティティ

戦後日本人の価値観は、長い右肩上がりの時代を背景として形成された。終身雇用が約束され、会社に自分の存在感の拠り所を置き、滅私奉公のように会社に尽くしてさえいれば、会社も個人も繁栄が約束され、心理的にも満足して暮らすことができた。

いまは違う。

最近になって問題になったいくつもの企業の不正や隠蔽事例の原因が、じつは、「組織のため」を金科玉条とする価値観スタイルであったことがつぎつぎに明らかになった。個人の価値観や主体性と組織への忠誠のバランスはどのようにすれば保たれるだろうか。

組織人でありながら、精神の自立を持っている人が、真に求められる時代になってきているのである。上達を知っている人は、往々にして精神の健全な自立を示す。というのは、遠い記憶にでも深い上達の経験を持ち、その経験によって安定した自信を持った人でなければ、組織が直面する新しい課題を自らの課題として学びこなしたり、真の危機に際して、その危機が問いかける問題を自らも学びながら対応したりできないからである。

経済を取り囲む状況が、驚くべき速さで進展する今日、既得の知識と技能に安住することだけでは生き残りをはかることができなくなっている。日々前進し変化する状況を上回るスピードで知識・技能を習得し、洞察を重ね続けるプレーヤーだけが、競技場にとどまることを許されるのである。

それは、自らの深い経験のなかに上達の経験を持つ人なのである。

正しい努力の方向

ふたたび、では、上達とはいったいなにを指すのだろうか。

どんな技能の習得でも、上を見ればキリがない。

野球のイチローのように超一流になるのには、人一倍の練習と、そしてなにより才能が必要である。

本書で上達として考えるのは、このような超一流になる方法ではない。本書で上達というのは、ふつうの生活をしている私たちが、人並みの適性のある技能に、そう無理ではない練習量で、まあまあ一人前のレベルに達しようとする過程である。

仕事上の資格なら、常識的な昇進などで要求される頃には、必要な資格がとれていること、資格をとった後のさまざまな規定や制度の変化にも乗り遅れることなくついていけること。

英会話なら、外国に仕事でひとりで行くことになっても、そう困らないだろうと思えるレベルに達すること。外国の顧客が会社を訪れたら、会社のなかを案内してあげられ、仕事で必要なことは、とりあえずコミュニケーションできること。

パソコンの習得を技能と見るなら、ブラインドタッチができ、ごくふつうのワープロソフトやスプレッドシート、インターネットソフトが使いこなせ、その種の話題に気後れなくついていけるようになること。

将棋でいうなら、昼休みの縁台将棋で、まあまあ強いと言ってもらえるレベルになること。

絵画や書や写真撮影なら、小さなコンテストに出して、佳作に入る可能性が少しはあるというレベルになること。あるいは、数年に一度なら、小さな個展を開いて友人などに来てもらおうと思えるレベルになること。

仕事の資格でも、英会話でもパソコンでもそれ以外でも、もちろん、適性の高い人はとても早く身につけてしまうが、並の適性の私たちでも、ふつうに努力すれば、あるレベルには到達でき、能力を維持できる。

本書では、そのレベルにまでとりあえず上達した人を「上級者」と呼ぶことにした。上達途中の人を「中級者」、これから努力を始めようという人を「初級者」と呼ぶことにした。いずれも、本書での便宜的な分け方である

上達の過程では、誰しもある程度の試行錯誤と無駄な努力をついやすのがふつうである。けれども、上達の法則がわかっていると、正しい努力の方向がだいたい見当がつく。あるいはふたつのハードルをとりあえず越えなくてはならないときに、どちらのハードルを先に

してどちらを後にするのが効率がよいかということの見当がつく。

上達を知るということ

世の中には、上達とはなにかということを、自分なりに摑んでいる人がいる。たいていは、若い頃にひとつかふたつ深く打ち込んだことのある人で、その経験のなかから、上達に必要な練習の仕方や目のつけどころを知っている人である。

一芸に秀でることは、多芸に秀でることだという考え方がある。この原則があてはまる範囲にも当然限度があるだろうが、一面の真実を含んでいる。それは、上達には一般的な法則があり、一芸に秀でる過程でその法則をある程度体得すれば、他の技能の上達にも応用ができるからである。

また、ある程度難しい技能を深く体得した経験のある人は、他の技能でも、習得する必要が生じたら、ある程度の上達ができるという自信を持っている。その自信が、仕事ぶりや、ものごとへの取り組み方、関心の持ち方などに反映して、心に余裕を生んでいることが多い。「いざとなったら、いま未習得の技能でも身につければよいさ」と考えて仕事をしている人とそうでない人では、心の余裕、仕事ぶりの余裕がまったく異なる。新しい領域に仕事を広げる進取の気風なども、たんに好奇心が強いというだけでなく、このような本来的な余裕がよい結果をもたらすことが多い。

職場のストレスについてのカウンセリングなどをしている研究者の話では、職場で疎外感を感じているという人からしばしば「この業界で○○士の資格を持っていないことが、どれほど辛いことか、わかりますか！」というように訴えられるという。確かに業界の資格も取得のなかなか難しいものがあることは当然だが、とくべつ才能がなければできないというようなものは、ないはずである。資格であるという限り、たとえ難度の高い資格でも、適切な勉強法と着実な努力の積み重ねで手が届くのがふつうだ。資格がとれないために対人関係がおかしくなって、その悩みでカウンセリングに行くよりも、「資格をとろう」と度胸を決めてしまうほうが賢明な場合もありそうだ。けれども、そういうふうに言うと、「僕には絶対無理です」というような答えが返ってくることも少なくないらしい。

自分の上達の能力に自信がないことが、生き方までも狭めてしまう可能性のあることがわかる。

資格の難度が高く、合格になかなか手が届かないときも、上達を体験的に摑んでいる人と摑んでいない人では大きな違いがある。上達を摑んでいる人は、合格という状態までの道程がどのくらいで、自分がその道程のどのような位置にいるかということが、大雑把な感覚ながら把握できる。そうすると、把握できる分、途中の心理的な不安感というものがそれなりに抑制される。上達を摑んでいない人は、途中で不安になり、しばしば、その不安のために途中で挫折したりすることになりかねない。

上達の法則を知っているかどうかで、実際の上達そのものと、上達の過程での心理的な状態がずいぶん違ってくることになるのである。

余技の上達と複線型生き方

仕事以外のいわゆる趣味の領域で秀でた人が結構いるものである。

出勤前に、剣道の朝稽古にときどき出る人や、友人の結婚式などで、玄人かと思うような音楽演奏を披露するような人達である。謡の稽古を長年続けている人、少年野球チームのコーチを引き受けている人、碁や将棋の大会で全国有数とマークされている人など、仕事以外に多様な自己実現の場を持っている人達がいる。

仕事も立派にこなし、それに加えてこのような上達の場を持っている人は、いざ仕事の負荷が急に重くなっても、こなしていけそうな余裕を感じさせる。上達をどこかで経験しているということが、仕事への落ち着いた自信にも反映している場合がある。このような人達の人柄には独特の安定感がある。複線型生き方の副産物とでも言えようか。

このような人達は、仕事以外にも、何カ月間、あるいは、何年間かにわたって自分の成長をはかり、自分の力量をみつめ、自分の生活のなかに、鍛錬の努力や時間を調和させていくことを楽しみとして知っている。それは、仕事に向けるのとは別種の情熱である。

他から別に強制もされないのに、自発的な意志でこのような情熱の燃やし方を知っている人は、一段高い自発性と、上達した自信から来るおだやかな楽観性を身につけている。それが潤いとなって、人柄から香るのである。

本格的な上達を経験した人にしてはじめてそなえ得る人柄像がそこにはあるのだ。

上達のイメージ

上達という現象をイメージするのにわかりやすい技能はクルマの運転である。

はじめて教習所でクルマに乗ったときは、なにがなんだかわからないものである。まず、ペダルの名前が全部はわからない。クラッチをいつどういう目的で使うのかもわからないし、そもそもクラッチとは何のためのものかも納得できない。座ってからエンジンをかけて発進するだけでも、椅子の調整、ベルトの装着、ミラーの調整、エンジン始動、後方確認……などの作業がどういう順序でどういう流れになっているのかなど、全然わからないものである。それが、発進ができるようになり、適切な加速や停止ができるようになり、さらに進んで縦列駐車などもできるようになるうちに、「加速感覚」「車間距離」「車両感覚」（心理学的にはそれぞれ後述するスキーマの一種と考えられる）など、大きな単位での、認識と操作の組み合わせがひとつひとつ学習される。そうして、習熟すると、はじめはあれほど思考に負荷の強い動作や判断を要したものが、雑談をしながらでもできるようになる。

運転免許取得後、ある程度、運転を重ねると、それらの判断や操作は、身体の一部のようになってしまい、ひとつひとつに考え込まなくとも迅速にできるようになる。また、急にふだんと異なるクルマを運転しなければならなくなったときでも、はじめさえ用心が必要だが、比較的短い時間で慣れないクルマに慣れることができる。

ここまで上達した人は、まだ運転できない人や、運転を忘れてしまったペーパードライバーとは、全然異なる。ここまで来ると、仮に数カ月、あるいは数年、運転から遠ざかっても、必要になれば、いつでも勘を取り戻し、運転をすることができるという安心感が持てる。また、このことから、自分が極端な「機械音痴」ではないという気持ちを持つこともできる。このことは、運転以外の新しい技能の習得が求められるようなときにも、心理的抵抗をわずかに下げる機能を果たしてくれそうだ。

これが、上達という現象のひとつのイメージである。

またもっと卑近な例として、自転車の操作をあげることもできる。自転車もはじめはなかなかうまく乗れず、それなりに苦心したはずだが、年齢が若かったからあまり苦労として覚えていないのであろう。それでも自転車に乗れるようになる過程で、バランスやカーブのスキーマ（認知の枠組み）が形成されているはずだし、スキーマが形成されて一度乗れるようになると、少々ブランクがあっても、乗れない状態に逆戻りはしなくなるものである。

このように、上達すると運動機能や認知機能に質的な変化が起こる。そしてその変化は、未学習の状態には戻らない非可逆的な変化なのである。これが、上達のイメージである。

上級者と中級者の質的な差

中級者とは、初心者が上手になった人達を指す。

けれども、中級者がさらに上手になっただけの人が上級者だというわけではない。中級者と上級者のあいだには質的な差がある。

本書では、上級者という用語をつぎのような意味で用いる。

まず、おおざっぱに一人前と考えてよいだけの知識と技能を持っている人である。同業者、同好者でなにかをしようというときに、極端な足手まといにならず、自分も十分に参加して楽しめる水準にいる。その技能ができることによって自分自身の楽しみや生き甲斐を持ち、生活に潤いを感じることができる。そのうえ、その上達途上で、「ものの見え方」がグンと一段あがったという実感を持っている人である。ちょうど、「自転車が乗れるようになった！」というような実感である。

業界の資格に関する知識・技能であれ、英会話であれ、あるいは、趣味・余技の領域であれ、この「一段階ものの見え方があがった」という経験をした人は、しばらくそれを離れていても、技能が極端に落ちるという心配が少なく、かつ、上達することによってものの見方がトータルに変わるということを経験で知っている。この経験が、生きていくうえで、いろいろな意味の自信を与えてくれる。

この「見え方が変わる」という経験のある人を上級者、ある程度技量は身についているけれどもその経験はまだないというくらいの人を中級者と本書では位置づけている。

見え方が変わる

では「見え方が変わる」とは具体的にどのようなことだろうか。

資格に関する知識・技能なら、その知識・技能全体をとおして、その業務に対するある種の「センス」がそなわり、狭義の知識・技能を上回る事柄でも、だいたいの判断なり予測なりができるようになる。その「センスがそなわる」のが「見え方が変わる」に該当する。

英語なら、前置詞や副詞の「語感」がわかり、個別の知識までいちいち戻らなくとも、前置詞などについての判断ができるようになる。語源の知識がある程度あり、「philanthropy」という単語を仮にはじめて見たとしても、「phil」が「愛する」、「anthropy」が「人類」だから、「人類愛だろう」という見当がつく。このくらいの段階まで来ると、目や耳から入った英語が、頭のなかで日本語をとおさずに、ストレートに意味が脳裏に飛び込んでくるようになる。この「ストレートに飛び込んでくる」という経験が「見え方が変わる」に該当する。

パソコンソフトなら、ブラインドタッチや通常の操作ができるようになり、ふだんしたことがない操作が必要になったときに、メニューのどのあたりを探せばよいかの見当がつくようになる。また、あるソフトで作ったデータを異種ソフトで利用する形に組み替えなくてはいけないときに、だいたいどういう手順でやればできそうだということについて、想像力が働くようになる。そういうところまで来ると、さしたる緊張もなく、ありきたりの道具のひとつとしてパソコンソフトを使いこなすことができるようになる。それが「見え方が変わる」に相当する。

将棋では、王手、王手の連続で相手の王を詰めてしまうことを「詰め」と言っているが、あるレベルを超えると、具体的な詰め手順がわかる前に、「相手の王が詰んでいる」ことが直観的にわかるようになる。詰んでいることを直観してから、具体的な手順を探す感じに、思考の順序が変わる。そうなると、もう少し手前の場面でも、相手の王が詰みの状態になるまで、あと一手だとか、あと三手だとかいうことがだいたい概算でき、その概算がおおむね正確になる。そのおかげで「手を読む」という作業に対する依存がうんと小さくなり、しかも予測がかえって正確になるという状態になる。その種の直観が何種類も芽生えてくることが「見え方が変わる」に該当するのである。

中級者のうちは、練習の頻度を落としたり、しばらく遠ざかったりすると、技能を忘れてしまうのではないかという不安がつきまとうが、上級者の域に達した人はそういう不安が小さくなる。もちろん、あまりブランクがあると、技能が落ちたり、その技能発揮に必要な筋力や体力が落ちるということは現実に起こる。けれども、本気でやり出せば、ある程度戻るという安定感があるものである。

上級者の自信と安定感

どんな技能でも、上級者の域に達しようとすれば、それだけの努力を一定期間続けなければならない。仕事の波が高くなったり低くなったり、職場で自分の立場が変わったり、職場の環境が変化したりするなかで、つねに、一定の時間とエネルギーをそれに注がなくてはならない。ときには、見たいテレビや映画を我慢して時間を作ることも必要となれば、職場の集まりの二次会をさりげなく欠席するなど、小さな不義理を重ねることも必要となる。そのような生活を続けることは、自制心と自我の強さを磨く。そのようにして磨かれた自我をそなえた人格には、自信と安定感がある。

中級者までのあいだは、そのような生活が十分報いられた感覚が薄いせいか、この安定感が若干弱い。まだ、時間を注ぎ込んだだけという感じがどこか残っている。ところが、「見え方が変わる」というような経験を経ている上級者は、努力が高度な意味で報いられた経験と、それから、そのような報いられ方のためには、努力だけでなく、ある種の運なり出会いなりが必要だということを身体で知っている。そのような人は、極端な根性主義（努力論者）になることもなく、また、努力無意味論者になることもない。そこに至るまでに自分自身もいくつかの挫折や失敗を経験し、それを受け入れてきているので、他者の挫折や失敗に対してもむしろ受容的な態度が形成されている。

若い人なら

いま、本書を手にした読者が若い人なら、本書を参考に、どんなことでもいいから、上級者になる経験を若い時代に是非していただきたいと思う。英語でもよいし、バスケットボールでもよいし、楽器でもよい。役に立つかどうかなどは関係なく、打ち込めるものならなんでもよい。極端なことを言えば、円周率を何千桁も覚えることでもいいし、ケンダマでもよいと思う。とにかく、なにかひとつのことに心理的に深くコミットし、深く身につけてみようとすることが大切である。

若いときに身につけたものは、一生役に立つことが多い。青年期、壮年期に遠ざかっていても、少し仕事に余裕ができたときに再開してみると、早く技能が取り戻せ、自分自身を楽しめることが多い。けれどもそれにも増して重要なのは、その一芸をとおして、上達という過程を一度深く経験することなのである。

深い上達をひとつ若い時期に経験していると、社会に出た後も、それをヒナ型として、いろいろなものにチャレンジできる状態を心の中に維持できる。そして、必要ならいつでもチャレンジするというその心構えが、心に余裕を生み、人生と生活を豊かにしてくれるのである。

新社会人なら

この本を読んでいる人が、社会人となってまだ間もない人なら、しばらく考えて、職業に役に立つことでも、趣味的なことでも、どちらでもよいから、なにかひとつ上達の目標を決めていただきたいと願う。社会人としての生活を始めると、一日の時間があっと言う間もなくすぎていくことに気づくと思う。仕事は、最初のうち、新しいことに接触する興奮がつぎつぎとあり、それが毎日の張りとなる。けれども、それほど日時を経ぬうちに、目新しいこともひととおりわかるようになると、こんどは、そういうものに振り回されているだけで毎日がすぎていってしまうことへの警戒感や焦燥感を感じ始めるようになる。

そういうときに、なにかひとつのことに、一日一時間くらい、あるいは週に一度か二度くらいの時間をあて、そこで自分の知識なり技能なりを積み上げていくことが、精神衛生上も非常によい。その一日一時間なり、週に一、二度なりが、心理的には自己確認の時間として機能してくれるからである。

多忙な職業生活のなかで、たとえささやかな時間でも、コンスタントにひとつのことにあてていくのには、いろいろな苦心がいる。けれども、それを積み上げていくことが、仕事でのステップアップを可能にしたり、心の豊かさを作り上げていったりするのである。

上達の対象を自分の職業とどの程度関連の深いものにしようとするかには、かなり安定した個人差があるようだ。

ある人は、職業上の資格や業界の上位の資格をとって、自分自身の職能や職業的地位に直接役立てたいと考える。また、職場も、その種の資格がすぐに役立つ構造になっている。

自分の職業にいますぐは役立たなくとも、近い将来、役に立つ可能性のある技能を身につけようとする人もいる。将来、外国の取引会社と交渉する立場に立つことにそなえて英語を身につけようとか、将来役に立つかも知れないから、いまの職業と若干関係のある技能や、パソコンソフトの技能を身につけておこうとか考えるような場合である。

さらに、職業生活とはあまり関係なく、自分自身の心の栄養のためになにかを身につけておこうという人達もいる。茶道や華道、書道などを習ったり、ワインテイスティングを習ったりしようという場合である。

いずれにしても、時間をかけてやる限り、ある程度に上達することによって、多忙が心理的な忙殺を生まないような生活をすることができる。そのようななかで、毎日、毎週、少しずつ自分自身の技量が向上していくのを感じながら生活することは、なかなか大切である。また、立派に職業生活をこなす一方、そのような上達を達成できたという自信は、深部で、自分の仕事の能力への自負、自信にもつながっていくものである。

社会人まっただなかの人達なら

三十歳代から四十歳代にかけては、人生の勾配がもっともきつい時期である。職場ではいわゆる中間管理職の上層に近づき、家庭的には、子どもが難しい時期にさしかかっている。職場の責任が増すとともに、責任の内容そのものが多様な形をとるようになる。それにしたがって、ときに、いまの仕事に自分の力で新風を吹き込みたいと願うときがあったと思えば、ときに、ヘッドハントに応じたり、新しい仕事にチャレンジしてみようかと、多様に思い惑う時期である。資格を目指そうという場合でも、若い人達と異なり、動機が真剣な場合が多い。昇進競争にどうしても必要なこともあるだろう。また、別の職種への大きな方向転換を考えて、本格的に専門学校や夜間大学院に行くような場合もあるかも知れない。あるいは、自分の勉強の成否が自分の組織なり部署なりに大きな意味があり、重い責任を肩に新しい技術や知識の習得に臨まなければならないことも多いだろう。

そして他方には、職業的に自分の立場をしっかり築いた状態で、あたらしく余技を始めてみようという人や、若い頃、少し手を染めた技能をもう一度きちんと磨いてみよう、という人もいるわけである。

いちばん要注意なのは、これまでに築いた地位に心理的に安住し、上達の対象をなにも持たない状態でいることだ。自分ができるようになったことだけをやり、自身の新しい能力を耕そうとしない生活を続けると、次第に、緊張を失い、自分自身を大切にすることをも忘れてしまうことになる。そうなると、いつの間にか、専門の仕事に関する判断も、新しいことを避ける保守的な傾向に染まっていく可能性がある。このような人は、主観的には、自分の時間が輝きを失ってしまう。「もう歳だから、新しいことを始めるのは無理だ」などという誤った諦観に染まりやすいのも、そのような人である。加齢と能力について厳密な検討をした最近の心理学研究の結果では、この年齢になって能力が落ちるということは基本的にないことがわかっている。

逆に三十歳代、四十歳代になっても、一日一日進境が得られることを実感していると、明日を楽しみに感じるものである。

定年が視野に入った人なら

定年が視野に入ってくると、自分の職業生活の仕上げはこの仕事だったかなどという見当がつくようになる。山あり谷ありだった職業人としての自分の人生も、無事ここまで来られた、職業人としてなにがしかの貢献をした、という総括感が自然に心に生じてくるだろう。そういうところまで来た人の場合、定年を待たずに、上達の対象を探し始めることをお奨めする。自分の仕事に満足を感じながらここからの年月を過ごす人であっても、ときに、寂しさを感じたり世の無常を感じたりすることがある。また、名刺の肩書きがなくなるということは、夢中で仕事をしてきた人にとって、大きな再適応である。ある種の空虚さを感じる瞬間がだんだん多くなり、自分でもすぐに理解できないような不機嫌や苛立ちに苦しむことも若干増えてくる。そのような時期をうまく乗り切れる人には、特技や趣味、余技を楽しむ心境を持っている人が多い。

この時期から陶芸に本格的に打ち込んだ人を知っている。会社の仕事をきちんとこなしながら、帰宅後や週末に、先生について習い、自分で作陶もしておられたらしい。成形した粘土を一週間ほど乾かしたところで、週末に先生の窯《かま》へ持っていき、焼いてもらうために預けてくる。焼き上がったところでそれを取りに行き、釉《うわぐすり》をつけ、また預ける、というようにして、習いながら上達していく。そうこうするうちに、その先生が亡くなり、一緒に習っていたお弟子さんたちが、指導者を失うとともに、自分の作品を焼いてもらえるところを失うことになったのである。そこで、お弟子の筆頭だったこの人は、自宅を改造して陶芸用のガス窯を設置し、その先生に習っていた人達の指導を引き継ぐことになさったのである。

このように、仕事をやめる頃に、上達したものに移行できるのがひとつの理想型である。指導するところまでいかなくとも、定年の後、すること、したいこと、さらに上達したいことがあるという心ぶりが大切であると思う。

定年を迎える時期は、なかなか心理的な適応の難しい時期である。上達の対象や目標を持っていることは、この時期をいくらか容易なものにしてくれるのである。

定年後の人なら

定年を迎えたときに、新しいことにチャレンジする気持ちを持てる人は幸せな人だと思う。

この時期の心理的適応などについて多くの研究があるが、一致してわかっていることのひとつは、社会的関係の豊かさが大切だということである。ソーシャルネットワークの豊かな人ほど、心理的に明るく、健康状態にも恵まれた老年期を迎えることができるのである。

六十歳で職を退いてから、六十の手習いで将棋を始めた人を知っている。ゴルフは体力的にも時間的にも大変なのでやめて、将棋にしたとおっしゃっていた。大変な打ち込みようで、確か四年ほどでアマ四段の腕前になっておられたと記憶する。道場で見ていると、ふつう六十歳の人は、自分が三十歳くらいのときに流行していた戦型に詳しいものなのだが、この人は、棋歴が新しいので、最新型に詳しいのが非常に目立っていた。食事などをしていても、「その戦型は、最近の誰と誰の対局の変化のなかで先手よしと結論が出ています」などという具合に、一週間くらい前のプロの将棋の内容をよく咀嚼《そしゃく》しておられるので、本当に感心したものだった。

定年後にフランス語をマスターした人もいる。

歳をとると物覚えが悪くなると思って諦める気持ちになる人も多いようだが、老年期の能力変化を厳密に測定した心理学研究の結論は、この時期になっても、そう能力が落ちるわけではないというものである。やればできるという気持ちでチャレンジするのがよいのである。

上達の対象を持っていると、それをとおした新しい人間関係ができる。

また、いままで自分にあると自覚していなかった能力や才能を発見することも多い。自分の美的センスがすぐれていることを発見したり、音感がすぐれていることを発見したりすることが多い。職業生活から解放された後で、なお、自分の新しい可能性を発見するのは大きな喜びだと思う。

2 できることから始めよう――初心者から中級者へのステップ

まず始めてみる

あたりまえのことだが、上達したいと思ったら、まず始めることである。「どうやったら上達するか」をはじめから考えすぎていたら、いつになっても着手できない。やり方がわからないという人は、じつは、やり方がわからないのではなく、それで上達したいという気持ちがまだ高まっていない人である。

よく、勉強のできない生徒が「勉強のやり方がわからない」と口にする。そういうとき、私は「勉強のやり方は、勉強を始めたら、自分でわかるようになってくる」と言うことにしている。二足歩行というのは、技能としてはなかなか難しい技能だと考えられるが、私たちは、歩き始めたときに「どうやって歩けばいいいか」と考えたわけではない。歩いているうちに、歩き方がわかってくるのである。

テニスのラケットの振り方がわからないという前に、まず、ラケットを持ってボールを打ってみること。それが大切だと考えている。

入門書を読む

やるとなったときに、つぎに必要なのは、入門書や概論書を読んでみることである。読まなくてもよいから、入手して少なくとも手元におくことである。探せば、どんなものにも、入門書があるものだ。できれば誰かに入門書としてどれがよいかを尋ねる。書店で数冊みつけた場合、自分でページを開いてみて決めるのがよい。

選択の基準は、書いた人の情熱が感じられるかどうかである。茶道などは、入門書ですら、かなりとっつきにくく見えるものである。それでも、著者が面白さを初学者の目線で見ようと努力しているかどうかは、目次の構成や書きぶりからわかるものである。情熱のある人は、厳密な書きぶりであっても、必ず、面白さや自分の喜びなどを伝えようとしているものである。

網羅的な知識は、あとで述べるように、また別の方法でもっと徹底的に獲得することになる。この段階では、面白さが例示的にわかるものがいいと思う。

知識をとりあえずある程度得たい場合、高校の教科書レベルのものや百科事典なども軽視できない。案外、格好の入門書になることがある。

後に「名人」という将棋界の最高峰に昇り詰めた谷川浩司氏の最初の入門書が百科事典の「将棋」の項目だったことはよく知られた逸話である。兄弟に将棋の盤と駒を買い与えたもののルールがよくわからなかった父君が、百科事典で駒の進みかたなどを見ながら教えたのである。

ワクワクする瞬間

全体として、この段階では、とにかく上達しようとしている対象に慣れ親しむことが大切である。英語の上達を目指すなら、ある程度、英語という刺激に浸ってみる。わかるかどうかということは二の次に、浸ってみる。そうして、その単純に浸っている時期に、その刺激が自分に「訴えかけてくる」ものがあるかどうか、その刺激に心が感動するかどうか、自分自身を観察するのである。

ピアノをある程度やっていたけれども、いまひとつ気持ちが乗らなかった人が、バイオリンの生演奏を聴いて、「自分の好きな音はこれだ!」と瞬時に確信したという話を本人から聞いたことがある。その人は、大きな方向転換をして、音楽大学のバイオリン科へ進みバイオリニストの道を歩むことになったのである。

ブルガリア人で、日本人も舌を巻くほど日本語が上手な人を知っている。彼女は、若い頃から英語もフランス語もできたのだけれど、母国語も含めて、どれも「自分の言葉ではない」という漠然とした感じを持っていたそうである。ところがある日、何かの機会で、日本語の小学校一年生の教科書の冒頭の音読を聴くのである。「さくら、さくら」というだけの声の読を聴いて、意味もわからないのに「これだ！　これが私の言葉だ！」と直観したという。

これほど劇的な例でなくとも、それを「面白い」と思わなければ何の意味もないような刺激が、あるとき、急に生命を得たようにこちらに訴えかけてくることがある。そういうきっかけを摑むのがこの時期に大切なことである。

私は、少し英語ができるようになったときに、「英語ってたった二六文字で森羅万象のすべてを表していて、けなげな言葉だなあ！」という感慨を強く持ったことがある。その前後から、英語のスペルが、カタカナのように表音文字として見えるのでなく、一塊りの漢字のように意味のある塊として目と心に映るようになったのである。いまでもこの素朴な感慨は胸の中に息づいている。

碁のトップアマになった人で、はじめて碁盤を見た子どものときに、碁盤に宇宙を感じたという人がいる。とくに、一辺が一九路だというところに宇宙を感じるそうである。その人にとっては、ある種の宇宙観を表現する場所が碁盤だということになるのである。

このように、急に心が躍動し、ワクワクするような瞬間が訪れるものである。それは、第三者の目から冷静に見ると、はなはだ主観的な興奮だが、上達の心理的な素地という意味ではきわめて大切なことがらなのである。

このような瞬間が、数年近くもたってから訪れることもあるかも知れない。私は、最初、二年か三年で概要がだいたいわかればやめてもいいというくらいのつもりで茶道を始めたのだが、四科伝というレベルに稽古が進んだときに、ワクワクする瞬間が訪れた。それが契機となり、道具の組み合わせ（道具立てという）が急にいきいきと生命をもって心に映るようになってきた。そのとき、茶道に「はまった」のである。

「刺激が心に訴えかけてくる」現象

このような現象がなぜ起こるかについて、若干の考察をしておきたい。

技能の習得は、技能の構成要素を有意味処理する能力の向上を伴いながら進む。技能習得前には、いろいろなものが無意味なものとして認知され、目にもとまらなければ記憶にも残らない状態である。技能を習得する過程で、それまで無意味処理されてしまっていた刺激が有意味処理されるようになり、意味のある単位で認識されるようになる。これを有意味処理という。後に記憶の仕組みとして詳しく説明することになるが、有意味処理されないものはうまく記憶処理されないのである。

昨日まで無意味処理されていた刺激が心になにかしら訴えかけてくる感じがするのは、それらが有意味処理され始めた徴《しるし》なのである。有意味処理が完全にされるようになると、それぞれの意味に適した準言語処理（コード化）が行われて意味が認識されるようになる。ところが、その途中の、意味処理が萌芽にすぎない時点では、なにがしか意味を感じるものの、完全なコードとしては捉えられないで、その意味に関連した漠然とした情感だけを「胸騒ぎ」のような形で感じるようになる。それが「刺激が心に訴えかけてくる」という現象なのである。

したがって、この現象が、本格的な有意味処理ができるようになる前駆なのである。この時期を経ると、意味処理能力が本格的に備わり始める。

高度に上達する長い過程では、意味処理能力に何度も質的な変革が起こる。コードの体系が大きく変わることが繰り返されることがある。そのような変革が自覚される少し前に、刺激が前日までとは異なった「きらびやかさ」を伴って心に訴えかけてくるということが起こるのである。

初心者の段階、中級者の段階で「なにかわからないけれど、心惹かれるものがある」と感じることが大切である。心を静めて自分自身をみつめて、たとえ独りよがりに感じられてもよいから、そのようなものが感じられるかどうかが、自分の上達の可能性をさぐる大切なポイントであると考えている。

頻度を決める

このあたりで、上達を目指して練習や学習に携わる頻度をおおむね決定するべきである。参考までに学習心理学でわかっている事項を整理しておこう。

学習の後、忘却が生じるが、忘却は徐々に生じるわけではないことがわかっている。忘却は、学習から二十四時間後、七十二時間後、そして六〜七日後に大きく生じるのである。無意味綴りの学習では、二十四時間後では七割くらい覚えている。ほぼ七十二時間後に、それが二〜三割程度にストンと落ちる。その二〜三割程度というのがしばらく続き、その後、一週間後にまたストンと落ちる。そういう形で忘却が起こっていくので、復習は、それぞれの忘却直前の二十四時間後、七十二時間後、一週間後に行うのが効率的なのである。したがって、練習や学習の計画をする場合にも、これを考慮して頻度を考えればよい。

一週間に一度では、上達しないわけではないが、大きな上達は望めない。

週に二度にすれば、週一度の場合と比べると、上達の速度は雲泥の差となる。

週に二度より高い頻度ということになると、週五度くらいの「ほぼ毎日」という頻度になる。週に三度は二度に比べればそれほど大きなメリットがないからである。

私の意見では、おおむね週二度、あるいは一度半くらいを努力目標にするところから始めるのがよいと思う。教室やスクーリングが週一度しかない場合には、あと一度は、自宅での復習を入れる。ノートを見直すだけでもずいぶん異なる。楽器の演奏などでは、あるいは毎日少しでも練習することが大切かも知れないが、一般的な技能習得ならば、週二度あるいは一度半でずいぶん進むはずである。

学習心理学という領域では、練習の集中と分散という問題についても研究が行われている。毎日練習するというように高度に集中的な練習をしていた場合、なにかの事情で練習ができなくなると比較的短期間で急激に忘却が起こる。逆に分散訓練といって、相対的に低い頻度で練習をしていた場合、向上も遅いかわり、練習ができなくなった場合の衰え方も穏やかなのである。

練習の頻度があまり高いと、続けられないときの心理的負担が重くなる面がある。毎日練習しているものが、なにかの事情でたとえば二週間ほども練習できなくなると、目に見えて技量が衰える。そのことでがっかりした気持ちになったりするのも、長期的にマイナスであるという場合もある。練習頻度を決める場合には、そのようなことも考慮しておくことが必要と考えられる。

学習の場を決める

頻度を決めると同時に、習う場をどうするかという問題を考えるべきである。

定期的に週に一度なり二度なり習うという決め方もできるし、クラブに所属することもできる。クラブの場合には、コーチがきっちり教えてくれるクラブもあれば、練習の機会だけを提供してくれる放任的なところもある。また、技能によっては日頃は自分で鍛錬をし、年に数度ほど、まとまった機会に指導を受けるような場合もあるだろう。いずれにせよ、誰にどんな形で、どのくらいの頻度で習うのかを決めることがそろそろ必要である。また、指導者がどんな人でどんな教え方をする人か、そこへ習いに来ている人はどんな人かも、大切な選択基準になる。

始める頃は、先生がよい指導者かどうかなかなかわからないものである。そういうときは、習いに来ている人を見ると、自分がこれからつこうとしている先生が自分に合った人かどうかが、割合よくわかるものである。自分よりも先に習いに来ている人に、自分がこんなふうになりたいと思うような人がいるかどうかが大きな決め手となる。

まず、注目したいのは、習っている人達の成長の速さと成長の次元である。成長の次元というう場合、たとえば、優劣を競う感じが突出して濃いかどうかや、先に進むことに重点が置かれすぎていないかというような観点がある。ピアノでも、茶道でもそうだが、新しい曲目や点前《てまえ》を身につけるという雰囲気が強すぎるために、ひとつひとつの仕上げが丁寧でなくなっている教場とか、逆に、ひとつひとつを丁寧にしているために、進度が遅くなっている教場とか、いろいろな個性がある。

また、必ずしも熱心でない人をどの程度許容しているかというようなことも大切な観点である。自分自身の心づもりを基準として、許容的すぎても、許容的でなさすぎてもうまくいかない。先生自身も、知識や技能、教えられるレパートリーに偏りの強い人とそうでない人がいる。また、教えられる側の個人差の立場に立って技能を教えられるかどうかも大切な観点となる。スポーツの技能では、身長の高低や、機敏さ、持久力や瞬発力のあるなしなどによって、それぞれの人の違いに応じたフォームなり戦術なりを教えられるのがよい指導者である。そのようなことを総合的に考えて、習う場を決めるのが大切である。また、このような要素のほかに、いわゆる、直観的な相性の善し悪しなども軽視できない条件である。

自分の得意をみつける

得意なものは上達の大きな原動力となる。習得している技能のなかで、なるべく早く、なにか自分の得意や好きなものをみつけることがよいと思う。

たとえば、将棋なら、矢倉戦法や振り飛車戦法、空中戦など、性格の異なる戦法がいくつかある。碁でも中国流、ミニ中国流、小林流など、いろいろな形がある。そのようななかで、とりあえず自分の好きなものを作るのが初期の上達のコツである。

音楽なら、アルペジオ（分散和音）が好きとか、スローテンポの曲が好きとか、テンポの速い曲が好きとか、なにかしら自分の好みが出てくる。特定の作曲家が好きというのでもよい。そのような自分なりの「好き」をみつけて、しばらくそれにこだわってみるのが有益である。

ゴルフでも、ドライバーで飛ばすのが得意とか、ショートアイアンでの寄せが好きとか、あるいは、パッティングが好きとか、なにがしか自分の「好き」がみつかるものである。そうしたら、その「好き」にしばらくこだわってみるのである。

テニスでも、ボレーが好きな人、スマッシュするのが好きな人、グランドストロークを丁寧に打つのが好きな人など個性がある。初歩段階での「得意」や「好き」が永続するかどうかは別にして、いったん、自分の個性を暫定するのが、いろいろな意味で有益なのである。

得意を決めるプロセスの大切さ

初歩段階では、無理矢理にでも、好きなものを作るのがよいと考えている。それにはいくつか理由があるが、そのひとつに、好きなものを決めるプロセスそのものが上達を生むということがあるからである。

上達の大切な側面がコード化による有意味処理能力の獲得である。初歩のこの段階では、コード化の能力はまだ十分にそなわっていない。けれども、有意味処理の萌芽段階で、あいまいながらも情感が発生することをすでに論じた。好きなものを決めるプロセスは、この、まだコード化までは到達していない認知プロセスで発生する情感に耳を傾け、自分にいちばん強く心地よさを訴えてくる刺激を読みとる過程である。

初歩の段階では、すべての刺激が情感を訴えかけてくるわけではない。そのなかで、ポジティブな情感を訴えかけてくるものと、ネガティブな情感を訴えかけてくるものを弁別し、もっともポジティブな刺激群を選ぶのがこのプロセスである。このときに、好きなものがなぜ好きなのか言語的に認識できないにしても、自分のなかで形成されつつあるコードシステムの主要な軸をそれなりに抽出することができるのが、このプロセスのあとからなのである（コードシステムについては第二章で詳述）。

第二章 上達と記憶のしくみ

1 「できる人」の記憶の構造

上級者になれる人、中級者のままで終わる人

とりあえず初級者を脱皮して中級者にはなれた。ここまでは誰もが比較的容易にたどりつける。問題は、初、中級者のままで終わる人と上級者になれる人とはどこが違うのか、である。その違いを記憶の構造から考察してみよう。

上達をなしとげた人を、本書では上級者と言い、上達の途中にある人を中級者と言っている。実際には、何度も脱皮を重ねるようにして上達をしていくのだから、両方ともあくまで相対的な呼び方である。

上級者がその技能の実質においてさまざまな面で中級者にまさっているのは当然のことである。ところが、その技能以外の目に見えにくい部分での違いも厳然として存在している。

本章では、しばらく、その目に見えにくい違いに注目してみたい。そうすると、そこには、

技能の種類を問わず、上級者に共通の特徴が見えてくる。その上級者共通の特徴を、心理学的に理解していただきたいのである。

上達は練習の量や時間に比例して得られるわけではない。十年間英語を勉強しても、まだ不自由を感じる人もいれば、二年か三年間で高度な英語力を身につけてしまう人がいる。また、碁や将棋を二十年間やっていても、万年初段の人もいれば、わずか数年で高段の域に達する人がいる。若いほうが上達に有利と一概にも言えず、定年すぎてから習い始めて高度な水準に達する人がいる。

精神力、集中力の差もあるかも知れないが、練習方法、取り組み方が理にかなっているかどうかの差が大きい。その「理」を本書では「上達の法則」と言っているのである。

上達を目指すためには、どういう状態が目標なのかを理解しているほうがよい。そのような目的から、上級者の状態を広く概観し、理論的な深い理解を目指すことにする。

記憶する能力の違い

上級者が中級者に比べて、当該の知識の絶対量が多いことは、当然である。それは、「すでに覚えているものの量」の違いである。

と同時に、すでに覚えた記憶の内容物の量的差異のほか、新しく覚える能力や、記憶にかかわるいろいろな認知反応の差が大きい。

そこで、まず、上級者と中級者の記憶機能の差を、理論と実例に照らし合わせながら見ていくことにしよう。そうすることで、中級者が上級者を目指す場合の目標がはっきりと見えてくるはずである。

上級者は中級者に比べて、あたらしく記憶する能力が格段によい。たとえば、将棋の上級者は、自分の指した将棋を、次の日になっても再現することができる。それだけではない。自分の隣で指している他人の対局も、終わった後、記憶をしていて、正確な感想を述べたりすることもできる。

絵画の上級者も同様に、絵画を見たときの記憶が格段によい。記憶には覚えようと意図して覚える意図的な記憶のほかに、偶然覚えている偶発的記憶があるが、その偶発的記憶も上級者がまさっている。後に油絵で日展で受賞することになったある人は、幼い頃から絵を見て覚えているところがほかの人より多かったそうである。家族四人で展覧会を見に行くと、ほかの家族がゆっくり絵を見ているあいだ、幼稚園児だった彼は、展覧会場を走り回っていた。それでも、家に帰って、家族で見てきた絵の話をしていると、その幼稚園児が、びっくりするほどそれぞれの絵の急所をきちんと見て覚えていたということである。

このように、上級者のひとつの特徴は、記憶の能力が高いことである。具体的には、意図的記憶、偶発的記憶がともに高く、記憶の再現が速く正確なことである。

このような例を見ると、上級者の記憶は、中級者の記憶となにか質的に異なっているのではないかとさえ思われる。この上級者と中級者の記憶の質的な差の構造を考えることが、じつは、上達を考えるうえで大きな鍵になっている。心理学的に順を追ってそれを解明していくことにしよう。

「宣言型知識」と「手続き型知識」

上級者の記憶の本論に入る前に、記憶の仕組みについて、大まかに理解しておこう。ただし、記憶についての学説は、脳の働きをリアルタイムで観測できる医学的手法が発達したために、日進月歩で進歩している。ここでは、上達を考えるという目的に沿った割り切り方で記憶を論じることにする。

知識には、「宣言型知識」と「手続き型知識」の区別がある。宣言型知識というのは、自分の名前とか、数学の公式とか、単語とか、歴史の年号とか、いわゆる私たちが日常感覚で

「知識」と呼び慣れているものである。「象は鼻が長い」というのは、主語と述語のある知識形態で、知識心理学ではステートメント（宣言）と呼ばれる。宣言という形式を用いて表されるので、宣言型知識というのである。「dog はイヌである」「円周率は3・14である」「明治維新は一八六八年だ」という知識は、すべて、宣言の形式で表されるので、宣言型知識である。基本的に、言語でほぼ十分に表し得る知識である。

知識形態が宣言でなく、手続きで表される知識が手続き型知識である。ビリヤードの球の突き方を覚えるのは、言語だけでは表せない「手続き」を含んだ知識である。このほか、花の香りの記憶、味覚の記憶などは、手続き型知識である。技能の習得にはこの両方が必要である。

また、同じ技能、同じ知識でも、宣言型知識と手続き型知識をどの程度の比重で含んでいるかは、人によって異なる。

クルマでどこかへ行くドライブルートの知識を考えてみよう。

人によっては、頭のなかに東西南北の地図があり、地図のうえで、自分の走るべきルートが記憶されている場合がある。その知識は宣言型知識である。また人によっては、そうではなく、曲がるべき角の店の屋根の色や、どこかの少し急なカーブを曲がるときの、運転の体感などが大きな手がかりになっている場合がある。これは手続き型知識である。どの人の場合も、宣言型知識と手続き型知識が混ざり合い、補完し合って、ドライブルートの知識が維持されている。

アイコニックメモリ、ワーキングメモリ、長期記憶

私たちがものを見たり聞いたりすると、それはまず「アイコニックメモリ（感覚記憶）」に入る。アイコニックメモリは、見たまま、聞こえたままの「生の記憶」をほんの数百ミリ秒だけ貯蔵することのできる記憶である。ただし、アイコニックメモリは、持続時間が短いうえに、後からつぎつぎに新しい事象が入ってくるので、記憶内容がすぐに揮発してしまう。

すぐに揮発しないためには、それが、ワーキングメモリ（作動記憶）に移行することが必要となる。私たちが友人に電話をしようとして、手帳を見て、電話番号を押しているとき、電話番号はワーキングメモリに入っているのである。数秒以内なら、覚えていることができるが、電話で話し始めると、忘れてしまう。それは、電話で話した内容がワーキングメモリを占領するようになるので、そこに入っていた電話番号の記憶が揮発するのである。ワーキングメモリには容量と時間の限界がある。容量限界は七チャンクから九チャンクであると言

われている。チャンクとはまとまった意味ひとつ分を指すおおまかな単位である（後述）。電話番号が七桁か八桁であるから、ランダムなものなら、それくらいが限界だということになる。時間的限界はだいたい数秒程度である。それ以上長く維持するためには、記憶が揮発する前に頭のなかで繰り返すことが必要で、それを「リハーサル」と呼んでいる。電話番号を確かめた場所が電話から遠い場合で、メモをする紙がないときは、記憶を維持するために電話番号を口頭で繰り返しながら歩いたりするが、この繰り返しがリハーサルである。

安定的に長期にわたって貯蔵される記憶は、長期記憶と呼ばれる。私たちの日常感覚で言う「記憶」に該当する。自分の名前、自分の誕生日なども、また、覚えて忘れない九九なども長期記憶である。現在までの最新の学説では長期記憶は、必ずワーキングメモリをとおして形成されると考えられている。通常は、ワーキングメモリでリハーサルを繰り返されたものが長期記憶に移行すると考えられている。最近の研究では、長期記憶の入り口は、脳の海馬と呼ばれる部位あたりにあるという見当がついているのである。

技能に上達した状態

長期記憶は、思い出すことができて、はじめて記憶として役に立つ。長期記憶にある知識

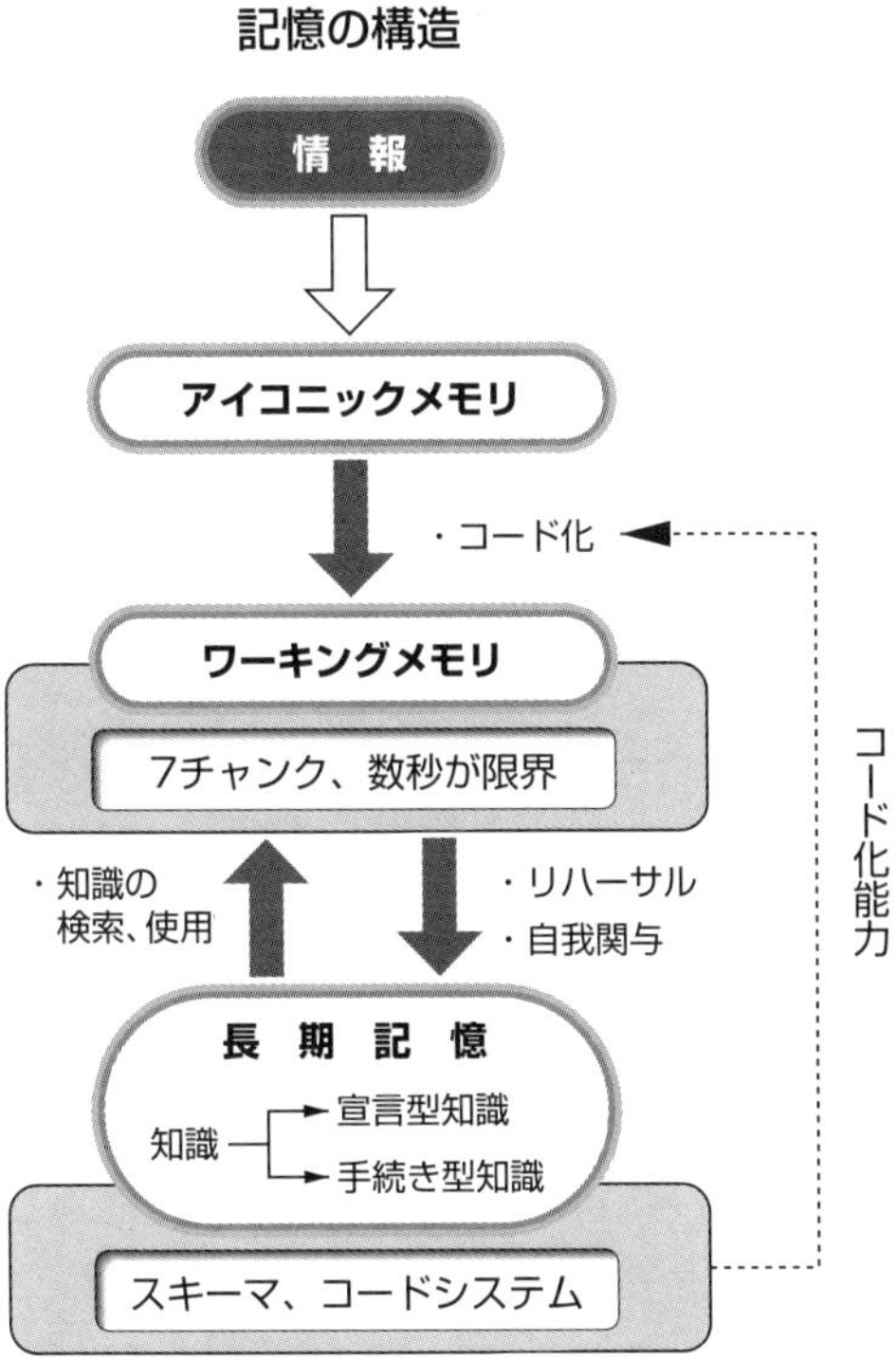
記憶の構造
情報
アイコニックメモリ
・コード化
ワーキングメモリ
7チャンク、数秒が限界
・知識の
検索、使用
・リハーサル
・自我関与
コード化能力
長期記憶
知識
宣言型知識
手続き型知識
スキーマ、コードシステム

を用いて、ものを考えたり、技能を発揮したりするときは、長期記憶に貯蔵された知識が、ワーキングメモリに呼び出されて用いられている。

したがって、このように考えてくると、技能に上達した状態とは、つぎのような状態であるとまとめることができる。

(1) 技能に必要な宣言型知識と手続き型知識が豊富に長期記憶に蓄えられていること。
(2) 必要な知識が、必要に応じて長期記憶から検索できること。
(3) 検索できた長期記憶が、ワーキングメモリで有効に用いられること。

上達した状態が上記のような状態だと考えると、上達という現象をつぎのように考えることができる。

(1) 宣言型知識と手続き型知識の長期記憶を豊富に効率よく形成すること。
(2) 長期記憶に貯蔵された知識が効率よく検索できる状態を形成すること。

すなわち、(a)必要な知識を早く検索し、(b)関係ない知識を誤って検索しない状態に長期記憶が形成されること。そのためには、検索に用いられるインデックスが確実に形成され、そのインデックスがシステマティックにできている状態が維持されること。

（3）長期記憶から検索された知識が、ワーキングメモリに出力されても、ワーキングメモリに余裕がある状態を維持できること。そのためには、多くの知識が少ないチャンク数で表象される状態ができること。

2　記憶と認知のキーワード——スキーマを理解する

上級者はスキーマがすぐれている

上級者は当該の技能に関するスキーマがすぐれている。そのために、種々の認知や思考が速くかつよりよく行われる傾向があるのである。

上級者の「勘」などが中級者よりすぐれていることが多いとされるのも、心理学的にはスキーマの形成度によって解釈することができる。

スキーマというのは、最近、認知心理学で多用される概念である。スキーマはもともと「枠組み」という意味である。知覚、認知、思考が行われる枠組みをスキーマという。あまり厳密な定義があるわけではなく、知覚、認知、思考が一定の方式のもとでできている状態を観察して、「スキーマがある」とか「スキーマがない」とか言っているのである。

自動車の免許をとるときに、縦列駐車などの練習をする。そのとき、車両感覚がなかなかマスターできなくて困った人も多いだろう。車両感覚とは、道などの周囲の状態のなかで自分の車がどこにあってどちらを向いているかを把握する空間認知能力である。この車両感覚がいったん身につくと、どんな条件でも、駐車ができるようになるが、身につかないと、簡単な縦列駐車すら困難となる。これは、スキーマのよい例である。

大きな荷物を手渡しで受け取るとき、私たちは、その荷物の大きさから、重さを推測するスキーマを用いて、力を調整して受け取っている。だから、荷物が見かけのわりに軽いと、調子が狂って手が上にずれたりするわけである。この調子というものを形作っているのがスキーマである。

卓球の超上級者は、通常のラリーなら、目隠しをして打ち続けることができるという。これは、球を打つためのスキーマが形成され、そのスキーマのなかに聴覚刺激も取り込まれているためである。そのため、聴覚だけでも、かなり正確に、相手の球の位置、スピード、スピンなどを推測し、対応ができるのである。

ひとつの技能も多くのスキーマから成り立っているが、上級者は中級者に比べて、全般的にスキーマがよりよく形成されているのである。

スキーマができていると、つぎのような特徴が生まれる。

（1）短時間で反応できる。

（2）同じ刺激に対する反応が同じで安定している。

（3）刺激や刺激に対する自分自身の反応の記憶が正確である。

（4）新しい刺激への反応も、スキーマにとりこんで、短時間かつ正確に自分のものにできる。

（5）スキーマ依存的エラーが起こる。

スキーマ依存的エラーとは、スキーマがあることによってかえっておかしやすいエラーのことである。比較的稀な現象ではあるが、いわゆる「玄人だから間違う」というエラーのことである。

上級者はスキーマ依存的エラーをおかす

上級者でないとおかさないエラーというものがある。

ソロバンを習得している人は、足し算をするときに、アタマのなかにソロバンを思い浮かべて計算する。それは、ソロバンを認知スキーマとして用いている思考の例であるが、その思考プロセスは、ソロバンを習ったことのない人が、紙と鉛筆の筆算のイメージで計算するのとはまったく異なるスキーマである。スキーマの形成度が高いと、認知や思考、記憶がよりよく、かつ迅速に行われる傾向がある。反面、筆算で行う場合に比べて、ソロバンで行う場合に間違いやすい計算のパターンがあるとすると、ソロバンをスキーマとして用いている人のほうが、そのパターンの間違いをおかす確率が若干高いという予想が理論的に成り立つ。このように、スキーマが発達しているためにおかしやすいエラーを、スキーマ依存的エラーと呼んでいる。

麻雀では「ひっかけ」というプレーがある。たとえば、自分の捨て牌が、相手の目にはいかにも二か五で待っていると映るような形にしておいて、相手がそれを避けて四を出すと、じつはそれが当たり牌だというようなプレーである。この種のエラーは、スキーマのある人でないとひっかからない。

テニスやサッカーでも、右にボールを打つような視線の動きをしながら左に打つという戦術がある。これも、相手にスキーマができていて、無意識的にこちらの視線に反応して視線の動きをコード化し、瞬時に右に応じてくれるところまで上達していなければ通じない。

この種のエラーは、認知心理学で「スキーマ依存的エラー」と呼ばれる。スキーマ依存的エラーが生じるためには、そのエラーを引き起こす刺激がコード化され、そのコードによって、認知スキーマが立ち上がらなければならない。

スキーマ依存的エラーは、上級者にとっては、もっとも用心しなければならないもののひとつだが、初級者はおかさないエラーである。逆に考えると、上達を第三者的に考える立場からは、上達程度のひとつの目安になるものである。

上級者はコーディング能力が高い

スキーマを支えている大きなものがコーディング能力である。

技能のなかには、ふつうは言語的に表しにくい要素がたくさん含まれている。たとえば、ラケットで球を打ったときの感触とか、ボールにスライススピンをかけるときの腕の動かしかた、体のひねりかた、それらのタイミングの調整の仕方などは、いずれも、言語的に表しにくく、手続き型知識として貯蔵されている。ところが、知識が貯蔵されるためには、七チャンクという容量限界のあるワーキングメモリを通過させる必要があるために、知識が言語に準じた形式に、その人の思考のなかで表される必要がある。それを、本書ではコード化という言葉で表すことにしたい。そして上級者のすぐれた記憶機能は、コード化の能力が高いことにかなり大きく依存しているのである。上級者の記憶システムは、動作が表され記憶されるためのコードを多く持っていて、かつ、それらのコードがひとつの体系をなしている。本書ではこの体系をコードシステムと呼ぶことにする。

コードシステムに動作の調整機能や五官の感覚が付与したものがスキーマである。紙くずをクズかごに投げ入れる場合、紙くずの重さ、空気抵抗の有無、クズかごへの距離などが、コードとして処理され、コードシステムにかけられる。それらのコードが過去に紙くずを投げた経験の記憶を思い起こさせ、さらにそれがスキーマを通じて投げる動作や投げる強さの判断を生み出すという仕組みになっているのである。上達には、スキーマの形成が不可欠だが、スキーマにはこのようなコードとコードシステムの構築が必ず伴うということになるわけである。

記憶能力を考えるうえで、このコード化能力が大きな鍵になる。というのは、コード化がスムーズにできることがすぐれた記憶の大きな条件だからである。

上達は、技能経験の量だけで決まるわけではない。経験が、宣言型知識と手続き型知識というふたつの形で長期記憶に蓄積されなければ技能の向上につながらない。上級者は、技能経験を手続き型知識として記憶するための準言語的なコードと、それらコードの相互関係を記述するための体系を豊富に持っているため、経験が効率良く蓄積され得るのである。

コード化があってはじめて大量の記憶が可能となる。ファックスでもらった文書を、イメージデータとしてコンピュータに保存すると大容量となるが、テキストデータにすると、わずかの容量で記憶できる。コード化（テキスト化）が容量を小さくするのに役立つ例である。上級者の記憶事象の絶対量が多いのは、記憶のためのコードがたくさんあり、多くの事象が小容量で記憶できるからである。

記憶には、意識的に記憶するものと、たまたま記憶するものとがある。後者を偶発的記憶と呼ぶ。上級者は偶発的記憶も中級者にまさる。それは、このコード化のプロセスが自動的に行われる程度が高いため、たまたま目や耳にしたり、触覚に触れたりするものの多くがコード化され、記憶に残りやすいのである。

上級者は、自分の記憶事象のなかから、そのときに必要なものを無駄なく、素早く思い出す能力も高い。これもこのコード化の能力差に大きくよっている。思い出すという行為は心理学では記憶検索と言っている。検索の正確さと速さは、事象がうまくコード化されているほど、そして、それらのコードの配列が整然としているほど、高いのである。警察の指紋の検索の進歩を考えるとこのことは納得できる。過去、長期間、指紋の照合は、写真スライドにとった指紋を、文字通り重ねて一致するかどうかによって行われていた。そのやりかたでは、膨大な時間がかかっていた。ところが、指紋を、渦巻き型かどうかなど、いくつものコードによって分類する方法が開発されたことによって、コードを用いた照合が可能になった。そのことによって、指紋照合は正確になり、所要時間も格段に短くなったのである。上級者の情報処理が正確さと速さにすぐれているのは、これと似ている。

上級者はチャンクが大きい

ワーキングメモリには容量の限界がある。通常それは七チャンクであるとされている。意味のあるまとまり七つまでが短期記憶の限界なのである。

たとえば「53778」というランダムな数列なら四チャンクである。小学校一年生なら

「３４１２」でも同じ四チャンクである。ところが、九九を習っていると、「３４１２」は一チャンクか二チャンクで覚えられる。「さんしじゅうに」という九九と同じであることに気がつくからである。

このように、意味をみつける能力が高まると、一チャンクに入る記憶事象の量が格段に多くなる。これも、上級者の記憶がよい大きな理由なのである。

将棋の上級者は短時間で局面を覚えられる。それは、意味の単位にしたがって局面を見るために、ひとつの局面が七チャンク以下になって認知されるからである。将棋の初心者が局面を覚えにくいのは、四〇枚の駒が八一の升目にランダムに配列されている図形のようにしか見えず、七チャンクに収まりきらないからなのである。音楽の上級者も、意味をくみ取ってコード化する能力が高いために、二小節、三小節のメロディーが一チャンクに入る。そのために、長いメロディーを七チャンク以下で一度に短期記憶に入れることができるが、初・中級者では、そうはいかないのである。

一チャンクに入る容量が大きくなるのは、それぞれの技能に関するコードが整い、かつ、そのことによって、有意味処理できる容量が大きくなるからなのである。

上級者は分節認知の柔軟性が高い

認知心理学の研究でわかっていることのひとつに、上級者は、チャンキング課題でのチャンキングの柔軟性が高いということがある。

チャンキング課題（分節課題ということもある）の説明をしよう。たとえば、日本舞踊のビデオを被験者に見てもらう。そして、「意味のある単位の区切りと思うところで、ボタンを押してください」という教示で、ボタンを何度も押しながら日舞を見てもらう。このボタンを押して区切りを作ることがチャンキングである。

そのとき、「意味のある単位がなるべく小さくなるようにボタンを押してください」という教示をすると、上級者のほうが中級者よりも小さくチャンキングすることがわかっている。

ところが、逆に「意味のある単位がなるべく大きくなるようにボタンを押してください」という教示のもとでは、上級者のほうが中級者よりも大きくチャンキングするのである。

すなわち、「小さくチャンキング」するときは、より小さく、そして、大きくチャンキングするときには、より大きくチャンキングするのが上級者の特徴だということになるのである。これを、「チャンキングの柔軟性が上級者のほうが高い」と理解しているのである。

これがどのような意味を持つのかを少し考えてみよう。

仮に、文章力のある人とない人に、何ページかの文章をチャンキングさせるとする。そうすると、小さくチャンキングするという課題は、文を文節ごとに切っていく課題だということになる。一般に、どこからどこまでがひとつの文節かということは、上級者のほうが正確な理解をしている。中級者は、文節の理解が不十分なために、本来二文節にするべきものを一文節と判断したり、複合文節を一文節と認知したりして、一定しない。そのために、小さくチャンキングする課題では、上級者のほうが細かく文節を切ることになる。

大きくチャンキングする課題は、何ページかある文章を、全体の展開のなかから意味のある段落に分ける課題であると考えることができる。上級者は、全体を起承転結のようなストーリーあるいは流れによって認知する能力が相対的に高いので、大チャンクにあたる「段落」判断は、大きくなる。中級者は、流れを大摑みに把握する傾向が低いので、段落のチャンキングが、上級者より細かくなるのである。

第三章

上達した人はどこが違うのか

1 持続力、集中力が高まる

上級者のほうが退屈しにくい

上級者の記憶の構造が理解できたところで、つぎは、具体的に上級者がどのような能力を持っているのか考察してみる。

自分の好きなことでも長くやっていると退屈するものである。上級者のほうが、同じ練習などをしていても中級者より退屈しにくく、長く続けられる。

これについて、将棋の米長邦雄九段が、含蓄のあることを書いておられる。かいつまんでご紹介しよう。

米長九段は、自宅に若いプロのタマゴを集めて、将棋スクールをしていたことがあった。誰かの一局の将棋を中央の将棋盤に再現し、そのまわりにみんなで座り、この手はどうか、この構想はどうか、本当はどちらが勝っていたのだろうかと、検討するわけである。一局の将棋をこうして何時間もかけて調べる。そういうことをしていると、次第に、座る姿勢が崩れ、背中が丸くなり、アクビをかみ殺しているような若手と、いつまでも背中をピンと伸ばし、盤面に食い入るように視線を注いでいられる若手に分かれてくる。伸びるのは、いつまでも背筋が伸びている若手である。同じ局面を見ていても、すぐれた者と、おとる者とでは、そこから読みとっている内容が異なる。すぐれた者は、局面から多くのものを読みとっているので退屈することがない。それで、いつまでも同じ姿勢で見ていられるのである。

たとえば、ジョギングを毎日同じコースでやっている場合でも、上級者は、毎日のジョギングに、その日なりの課題を自分で設定して走っていたり、自分の呼吸や脈拍などに注目しながら走っていたりする。そのため、心理的な単調さが中級者より低いのである。

一般に、上級者のほうが中級者より多くのコードを持ち、多くの事象をコード化し、認知している。そのため、上級者のほうが多くの情報を引き出しているので、心理的飽和が起こりにくく、退屈しにくいのである。

上級者のほうが疲労しにくい

退屈と並ぶ心理的、肉体的飽和が疲労である。

一般に、上級者のほうが中級者より疲労しにくい。

技能によっては、特定の運動能力や特定の筋力の必要なものがある。そのような特定の運動機能は、上級者のほうが鍛錬が行き届いているから、疲労までのキャパシティが大きいのは当然である。

また、すでに何度か述べたように、上級者のほうが、コード化の程度が高く、自動化された技能が多い。そのため、ひとつひとつの技能の実施に必要な注意力などが少なくて済む。また、ひとつひとつの動作の習熟度が高いために、無駄な動きも少ない。これも、上級者が疲労しにくい理由のひとつである。

さらに、当該の技能を「好きだ」と感じている程度（後述する。そう単純ではない）が、上級者において高い。好きなことをしているときには疲労が低く済むものである。

これらの理由によって、上級者が中級者よりも、反復練習などをしても疲労の程度が低く済むのである。

自我関与が高く、価値観を持っている

自我関与とは、その課題に本気で取り組む度合いのことである。一般に、上級者は自我関

与が高い。

既述のように、ワーキングメモリから長期記憶の形成には、自我関与が大きくかかわっているらしいことが、研究でわかっている。自我関与が高いほうが、長期記憶の形成が促進されるのである。その意味では、上級にたどりついた人達は、自我関与を高くできた人達だったと考えることができる。

けれども同時に、上達の喜び楽しみが、全人格的な自我関与を高くしていることも事実である。

水彩画に取り組んでいる人は、日常生活のなかで、ふと描いてみたいシーンに出会って描き始めると、短時間で別世界に入ったような強い集中力を発揮する。それは、その人の価値観全般のなかで、描くという行為への自我関与がそれだけ高いからである。

上級までの上達が可能であるためには、ふだんの生活をしながらも一定の時間とエネルギーを、上達のために絶えず割いていなければならない。そのような生活を続けると、自然に、その上達が自分の人生や生きる姿勢にどうかかわっているかについて、自分なりの価値観を形成することになる。

サッカーの選手には、試合に勝つということの価値がとても高く捉えられている。英語の上達を日々心がけている人も、英語が上手だということに、とても高い価値をおいて生活している。それは、しばしば、他人にはうかがい知れぬ強さを持っているものである。

2 特異な才能が光る

上級者は「ながら」ができる

ピアノの上級者は、かんたんな曲なら、雑談をしながら演奏ができる。英会話の上級者は、自転車をこぎながらでも会話ができるが、中級者はそうはいかない。ソロバンの上手な人も、雑談しながら暗算をしていることがある。このように、上級者のほうが「ながら」の能力が高いのが一般的な観察である。

これには、いくつか理由がある。

まず、ひとつには、上級者のほうが、習熟度が進んでいるので、技能の自動化が進んでいる。したがって、思考を介さずに実施できる技能の種類が多く、また、自動化の進んでいる技能のサイズそのものが大きい。タイプの初心者は、「the」をタイプするくらいなら自動化できているかも知れない。ただ、同じ三文字、四文字の単語でも、上級者のほうが自動化して打てる種類が多い。それと同時に、「chrysanthemum」（菊）のような長い単語でも、上級者なら自動化してしまっている。そのように、自動化してしまっている技能の範囲と、技能のサイズ（ここではスペルの長さ）が大きいために、上級者のほうが、思考に負担をかけずに実施できる範囲が広いのである。

さらに、コード化の高さが「ながら」のしやすさに貢献している部分がある。

技能を用いてなにかをしているときは、目の前の場面の認識と適応、そして、長期記憶に蓄えられている知識の出力が、すべて、ワーキングメモリを用いて行われている。「ながら」ができるためには、そのうえに「ながら」のための余裕がワーキングメモリになければならない。

上級者の長期記憶は、すでに論じたように、効率よくコード化されているために、ひとつのチャンクに収まる意味の量が多くなっている。そのため、同じ量の知識をワーキングメモリに取り出しても、上級者のほうが、それが占有するワーキングメモリの容量が少なくて済

記憶を使用して状況に対応しているときの概念モデル

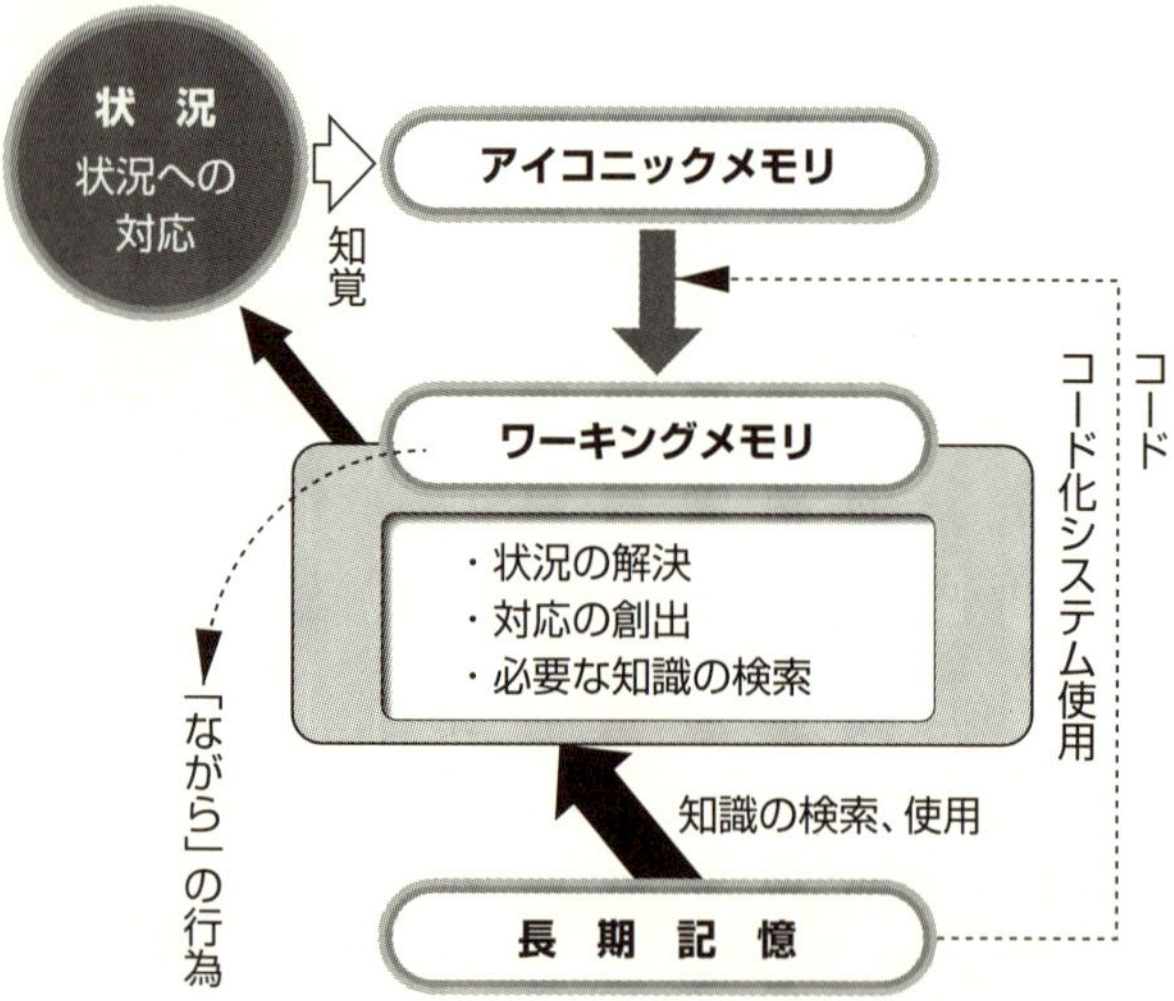

む。そのおかげで、上級者のほうが、ワーキングメモリの余裕が大きくなるのである。

つぎに、目の前の状況を判断し、それへの対応を考えることにも、ワーキングメモリを使っているわけだが、上級者は、コード化能力が進んでいるために、目の前の状況を、効率的にコード化し、かつ、対応を考えるときに用いる思考コードも効率的になっている。そのため、これに占有されるワーキングメモリの容量も中級者より少なくて済む。そのおかげで、上級者のほうが、ワーキングメモリの容量的余裕が大きく、ワーキングメモリを「ながら」にあてることがしやすいのである。

上級者は移調作業ができる

楽器演奏、とくに、ポップスなどの演奏では、その場でト長調をイ長調に移調して演奏するというようなことは日常茶飯事である。楽器によって、移調がしにくい楽器としやすい楽器があるが、いずれも、メロディーをそのまま別の調に移して演奏するわけである。

音楽での移調という概念を拡張すると、いろいろな技能にも、同様の移調という作業があることがわかる。

日本画的な構図を、西洋画の技法で描くというのは、そのような移調のひとつである。

英語で、接続詞を用いるところを、分詞構文を用いて置き換えてみるというのも広く移調と考えることができる。

碁で、ある局面では実らなかった手段を、周囲の局面が少し違っていたら実るのではないかと考えるのも移調である。

日本舞踊の所作をバレエに取り入れたりするのもそうである。籐や竹材で作る籠のような形を陶器で模してみるというのも移調である。料理のレシピを見て、基調となるソースをまったく変更して料理してみるというのも移調のひとつである。

上級者は、このような移調を少なくとも頭のなかで構想することが中級者より上手にできるものである。

移調は、すぐれて言語的な活動である。移調が行われるためには、移調の前の状態と移調の後の状態がコードによって思考できるようになっていなければならない。コード化があってはじめて「移調」という概念操作ができるのである。

上級者は、コード処理できる範囲や深さが中級者にまさっている。その分、移調作業がよくできるのである。

復元仮定作業ができる

麻雀は、誰かが上がると、みんなが自分の手牌を公開し合うことになっている。そのときに、他者の手牌と捨牌を見て、「ああ、僕がこれをポンしていなかったら、北のこの牌が僕のところに入ってきて、そうすると、テンパイが一巡早かったのだ！」などと言って、残念がる人がいる。

テレビで将棋や碁の対局番組がある。対局後に解説者を交えて、「感想戦」と言われるものが行われる。あのとき、別の手を選んでいたらどうだったか、などということを、話し合い、表に出なかった「読みスジ」を検討し合うのである。それを見ていると、「あそこで、こちらの手を選んでいたらどうでしたか？」とひとりが尋ねると、たちまちその局面に戻され、「ダメですね。そうすると、こんどはこちらに手段が生じる」などという会話があっという間に交わされている。復元仮定作業が淀みなく行われるのである。

復元仮定作業は、「もしもこうなっていなかったら」という仮定をひとつだけ置き、他が変わらなければ、どのような展開になっていたかという認知作業である。死んだ子の歳を数えるようなことだが、実際には、これができるかどうかが、上級者と中級者の違いである。

上級者と中級者の記憶能力に構造的な差があることは、幾度も述べた。けれども、上級者の復元仮定作業がすぐれているのは、それだけが理由ではない。上級者は、ことがらが進行している最中にも「もし、ここがこうなれば、進行はこう変わる」というように、幾通りかの変化を考えながらプレーしているのである。したがって、後になってから「もしも」という仮定を置いた場合にも、思考がそこに戻りやすいのである。

技能のコツを言葉(メタファ)で表現できる

技能は、手続き型知識であり、本来言葉で表せない。けれども、上級者は、この言葉で表せないものの要諦を、メタファによって、相手に雄弁に伝えることができる。

将棋の故升田幸三名人は、ある人の着手が迫力を欠いていたのを「二階から目薬を差すような手」と言ったことがあるそうだ。強烈なメタファである。

茶道の点前のなかで、香炉の形をした蓋置きの蓋をひっくり返すという所作がある。なんということのない所作なのだが、私にとって、「間」が微妙に難しい所作だった時期がある。その所作が、あるとき、先生から「和綴じの本のページを開くつもりで返してみて」と言われて、ハッとわかったことがある。言葉で伝わらない「間」が、言葉で伝えられる例である。

別の人で、抹茶を点《た》てる茶筅《ちゃせん》を畳に置くときの手の離しかたをもう少し丁寧にという意味で「別れ際に恋人の手を離すときのように」と言われて、目から鱗が落ちたように納得できたという人がいる。この種のメタファを思いつく能力の高いのが上級者の特徴のひとつである。

音楽の指導者が演奏の手直しをするときも、自分の声で直したり、動作を入れたり、言葉で伝えたりしていることが多い。「いまのところ、もっと歌わせてみて！」などと言って、実際にそれで演奏がうんと変わったりすることがある。そういうコミュニケーションのほうが、指導者が自分も弾いて見本を示すより、むしろ雄弁に要点が伝わりやすいとさえ言う人がいる。

これは、技能を表すコードが、個人のなかで安定しているだけではなく、両者の間で共有されているために、コードそのものは言語で伝わらないものの、コードの擬態のようなものが言葉で伝えられてコミュニケーションが成立するのである。

「暗算」ができる

どんな技能でも、広義の暗算に相当する演算がある。上級者ほど、その種の暗算が速くて正確である。

麻雀の上手な人は、配牌を一目見ただけで、最低何枚の牌が入れ替われば、上がり直前の状態（テンパイ）になるかが判断できる。

碁は、中盤終盤になれば、きちんと目の数を数えて、どちらが何目リードしているという計算を出す。上級者はその計算が正確である。

将棋でも、上級者は、いちいち駒数を数えなくても、どちらが歩を一枚得しているとか、計算ができている。将棋では「手ドク」「手ゾン」と言って、たとえば、二手動かした駒と三手動かした駒を交換すると、二手しか動かしていない側が「一手、手ドクをした」という計算もするが、上級者はこの種の損得判断も速くて正確である。

麻雀でも、バックギャモンでも、コントラクトブリッジでも、どういうことが起こる確率がどのくらいで、ふたつの選択肢があるときに、それらの確率的な有利不利というものを、上級者はかなり正確に認識したうえでプレーしているものである。

これは、たんに、上級者のほうが暗算の場数をたくさん踏んでいるからだけではない。このような暗算部分についてもコードとスキーマがはっきりと形成されていて、どのような事象どうしならだいたい等価か、どのような事象とどのような事象ならどちらがわずかに勝っている、などという判断が、コードによって思考（演算）できるようになっているからである。つまり、暗算ができるということは、コード化の能力とスキーマがよくできている現れのひとつなのである。

全体的な概算や急所の把握が正確である

音楽の曲は複数のテーマからなっている。メロディーラインのなかには、基本形のテーマを少しずつ変化させながら繰り返している部分もある。上級者は、このようなメロディーの構成から、どの部分が、曲の印象の根幹かを正確に把握している。そして、その把握にしたがって、強く演奏する部分、弱く演奏する部分、うんと弱く演奏する部分などを素早く構成できる。

謡《うたい》を習っているような場合でも、どこがもっとも大切な部分かというような急所を上級者は早く探り当てる。

碁で、中盤になれば、自他の地の広さ（得点）はある程度正確に数えられるものだが、上級者は、序盤でまだ形勢判断が茫漠としているようなときから、自分が三目くらいリードしているなどということを、感知しているものである。しかも、同じ局面のその種の判断が、上級者どうしである程度一致する。また、自分の碁が勝負所を迎えたときには、自然と気合いが入って座り直したりしているのが上級者である。

野球やサッカーやアメラグのゲームには「流れ」と「戦略」があり、表面的に得点にかかわらないところでも、双方譲れぬ「勝負所」というものがある。これらの球技を若いときにうんとやった人は、この勝負所を見抜く力が一般の観戦者より正確である。それで、まだ得点には差が表れていないようなときでも形勢判断ができ、応援しているチームが勝負所をのがすと「もうダメだ」などと言ってがっかりしたり、テレビを消してしまったりしている。

このような全体的な概算や急所の把握の正確さというものが、上級者と中級者の大きな違いである。上級者から見ると、中級者は、苦心しなくていいところで苦心し、苦心しなければならないところで油断していることが多いのである。

これは、個々の技能だけでなく、全体的な進行や流れというものを、言語化可能な意味の単位として、上級者が認識し、コード化し、思考の対象としていることの表れなのである。

異質な次元どうしの換算式を持っている

音楽に堪能な人は、たとえば、同じ曲を二通りの弾き方をして、「この三段目を強調するという意味では、どちらの弾き方も同じ意味でしょう?」と言ったりする。それが、中級者にはかなり異なる演奏に思え、すぐに納得できなくても、上級者どうしだと「なるほど、そうだね」とすぐに相槌を打ったりしている。

これは、表面的に異質な演奏が、「三段目を強調する」という点では同じ意味に換算されるという判断が、上級者どうしで共有されていることを示す。

同様のことがらは、テレビの碁や将棋の対局の後の、感想戦を見ていてもある。終局後の感想に、解説者が加わり、「でも、右辺を強調するということなら、こういう着手でも同じ意味でしょう?」と、本譜とまったく別に見える着手を指摘し、対局者が「ああ、そうですね」と受け答えをしたりしている。これも、ふたつの異質な着手が、ある基準のもとに価値に換算され、ほぼ同等の価値になるという認識が形成されていることを示す。

私の友人のなかには、将棋の端の歩は、ひとつ突き負けるごとに銀の駒一枚分くらいの損だという人がいて、周りの人はおおむね賛成している。端の歩の位置と駒の損得はもともと別々の次元だが、このふたつの比較を可能にする換算式が認知のなかに形成されているのである。

このように、一見、換算しにくいものどうしが換算される形になって認識されているのが、上級者の認知の特徴なのである。

直接役に立たないような知識まで持っている

茶道では、自分の流派以外の点前などについて知っていても、あまり役に立つことはない。それでも、上級の上くらいまで来た人は、断片的にせよ、他流派の点前がどうなっているか、考え方のどこが異なるかとか、あるいは、古い点前はどのような考え方をしていたかなどということについて、ある程度知っているものである。

バイオリンが上級の上に達した人は、バイオリンという楽器の成り立ち、その歴史的経緯でギターのようにフレットのついていた時期があったことなど、演奏に直接役に立たないようなことでもある程度知っている。

将棋や碁の定跡（碁では定石）には、現代は使われなくなった、いわゆる古典定跡と呼ばれるものがある。上級者も上のほうに達する人は、そのようなものもある程度知っている。

それだけでなく、どのようにして、インド発祥の駒数三九六枚のゲームが、西伝してチェスとなり、東伝して、中国将棋、朝鮮将棋、大将棋、中将棋、小将棋、日本将棋を生んだかなどということをある程度知っているものである。

このように、直接役に立たないことまで上級者が知っているのは、いくつか理由があるが、もっとも大きなものは、その技能に自我関与が深いからである。自我関与が深くなると、愛着を強く持つようになるため、自然に、知識を求めずにはいられなくなる。そのような心境でいると、テレビの番組で小耳にはさんだことや、ちょっと目にした知識が深い問題意識を生み、記憶に残るようになる。そのため、このような知識が自然に深まるのである。

一見無関係なことからヒントを得る

宮本武蔵の『五輪書』を読んで、将棋の目が開けたという人がいる。さらにすごい人に、『春秋』を読んで碁の戦略眼が開けたという人の逸話がある。野球の選手がマラソンの話を聞いて役に立ったなどというのもあれば、ある寺の佇まいを見て、活け花の境地が開けたという人もいる。

私自身も、茶道で「間」に苦しんでいたときに、アメリカでパトカーに乗せてもらったことがきっかけで、スランプから脱出したことがある。そのときの話を少しさせていただこう。

オレゴン大学に滞在していたときに、「プロセミナー」という、教授が教授会に講演をするという大切な催しで話をさせてもらえることになった。その日、講演の一時間ほど前に大学に来たのだが、クルマから降りたときにキーをエンジンスイッチに突っ込んだままでドアをロックしてしまった。講演で使うOHPの資料のファイルがクルマのなかに入ったままである。このままでは講演できない。やむを得ず、大学警察（その大学は独自に警察を持っている）に相談した。警官のひとりが、専用の器具をつかって、私のクルマの鍵を開けようとしばらく努力してくれたのだが、どうしてもうまくいかなかった。結局、私の家まで、予備の鍵を取りに、パトカーで連れて行ってくれることになった。もう、往復するのにギリギリの時間しかなく、私はかなり焦った顔をしていたことと思う。そのときの警官の運転がじつにみごとだった。速度制限を守り、停止標識のあるところはすべて停止し、徐行標識のところはすべて徐行しながらも「どんな講演をするのですか？」などと話しかけてくれ、遅すぎる感じを与えない運転だったのである。その運転ぶりから、茶道の「間」も、清めるとか、道具を大切に扱うとかいう条件を満たしながらも、相手の気持ちを視野において進めればよいことに心底気づいたのである。そして、点前の種類による「間」の微妙な違いは、その点前が作り出す主客の気持ちの動きに応じた違いであることを感得したのである。

このように、一見無関係なことからヒントを得る体験がときどき生じるようになるのが、上級者のしるしである。

冷静に考えてみれば、無関係のことがそれほど大きなヒントになるわけではあるまい。むしろ、その人に、問題を深くつきつめる姿勢ができていたために、ほとんどどんなことでもヒントになるほどの緊張が心中深く宿されていたと考えられる。そういうときにたまたま目に触れたものが、その内的緊張を刺激して、爆発するような強い感じのインスピレーションを与えたのである。

3　イメージやこだわりが鮮明になる

上級者のほうが細部へのこだわりがある

中級者が上級者の技能を見たり、上級者の述懐に接すると、細部にも多くの関心を上級者が払っているのに驚くことがある。極端に言うと、中級者が心に留めないようなことがらにまで上級者が、入念な注意を払っていたり、こだわりを持っていたりするわけである。

滝のある風景を撮影しようとするときに、上級者なら、露出を一定にした場合、シャッター速度を三〇分の一秒にするか、一二五分の一秒にするかで、かなり悩む。上級者がシャッター速度に注意を払うのは、それによって、流水が静止して写る度合いが異なり、水しぶきが、線のように写るか、点のように写るかが変わってくるからなのであるが、中級者はおそらくそのことに注意を払わない。あるいは、シャッター速度を考慮するべきだということに気づかない。

上級者が細部にこだわる程度が高いのは、つぎのような差があるからである。

（1）上級者のほうがコードを多く持っているので、細部に関しても、コードがあり、細部が認識の対象になりやすい。

（2）上級者のほうが、細部についても多くの文脈を知っている。

（3）細部に注意を払うことによって結果に大きな違いが生じることをたびたび経験し、そのことに面白さも感じている。

（4）大きな部分の認知処理をしてもワーキングメモリにまだ余裕があるので、細部の認知にワーキングメモリをあてる余地が大きい。

自分なりの「美観」を持っている

将棋で負けた友人の局後の反省につきあっていて、「ここでくやしくても、こう指して我慢しておけば、まだ粘れたのに」などと指摘すると、「嫌だ。そんな手は死んでも指したくない。そんな手を指すくらいなら、ここで投了する」ということがままある。このように、客観的にはよくても、自分は好きではないという美観が出てくるのが上級者の特徴のひとつである。

写真のコンテストに応募するようになると、種々のコンテストの審査員の作風（写風という）を考慮して自分の撮影の微調整ができるようになる。けれども、その段階をとおりすぎると、それを考慮してもやはり自分の味を出したいという気持ちが出てくるようになる。それは、自分なりの「美観」を持つようになるからである。

陶芸鑑賞の上級者が陶芸展を見に行くと、入選作に対してでも、「作品のテーマはわかるし、技量が高水準に達していることもわかる。入選したことも立派だと思うけれども、自分は好きではない」という感想を持つことがある。その種の感想が、気まぐれで起こるのではなく、一貫性のある形で起こるのが、上級者の特徴のひとつである。

文芸でも上級に達すると、有名な小説家の文章などで、感心はしても、そういう言葉の使い方は自分のスタイルではないというところが出てくる。

このように、技能に対して、巧拙の認知とは別に、好き嫌いの認知、自分なりの美観の認知が出てくるのが、上級者のレベルである（超上級者の場合には、もう一度その自分の美観を克服するプロセスがあるようだ）。

これは、技能のいろいろな側面がコード化され、さらに、システム化され、そのシステムが成熟していく過程で、主として記憶検索のインデックスのひとつとして、好き嫌い、美醜判断のような「情感」が付与されるようになるためであると考えられる。いろいろな記憶対象に情感が付与されると、こんどはその情感を用いた記憶検索と、その情感が本当にふさわしいかどうかの再検討が繰り返され、情感付与全体として個人のなかでは一貫性の高いものになっていく。その結果、美観というものがある程度顕著な反応として抽出可能になるもののようである。

私の専門の一部が数理的な統計分析である。統計学は、事実を客観的に把握する方法であり、もともと怜悧な技術だが、それでも、上級者どうしの会話では「うーん、この分析、結論もこれでいいし、とくべつどこが間違っているということもないけれど、なんだか美しくないなあ！」などという会話を始終している。技能そのものが怜悧であっても、おそらくは長期記憶の把持《はじ》と記憶検索の効率上昇のため、情感の付与という認知現象があるのである。

イメージが発生する

シャドウボクシングをご存じだと思う。相手の動きをイメージしながら自分が動き、自分の動きに対する相手の対応をまたイメージするというのを繰り返す。イメージがかなり素早く、つまり考えるまでもなく、湧き起こってきてはじめてできるものである。この、イメージがドンドン湧き起こってくるというのが、上級者と中級者の違いである。

将棋や碁が強くなった人は、子どもの頃に、一枚の盤で先手と後手の両方をもってゲームをする時期をほとんど必ず経ている。「黒がこう打ったら、白はここを切って、戦い突入！」というような感じで、飽きもせず両方を担当して一人二役で「対局」している。まわりの大人からは不気味に思われたりするのだが、本人にしてみると、心の中に溢れるようにイメージが出てくるのである。

音楽の演奏をする場合でも、ある程度曲が仕上がってくると、上級者は、自分の演奏を聴いている聴衆の心の動きや眼差しをイメージしながら練習することができる。そうすると、同じ曲を何度か弾いても、ある音符のフェルマータ（長く延ばす箇所）などを微妙に工夫したり、ちょっとしたリズムの乱れが聴衆の心にどのように響くかなどを想像して弾くことになるので、その過程で演奏そのものに「厚み」が加わる。

あるいは、音やメロディーのイメージが心のなかにつぎつぎ広がって、新しいメロディー、オリジナルなコード展開などが、フォークギターの指に自然に浮かんでくるという状態になることがある。

絵画の上級者は、写生などのモデルがなくとも、どんどん頭のなかに、描きたい町の風景や空の色や人の表情が浮かんできて、なにもないところでも、絵のイメージがふくらんだり、紙につぎつぎとデッサンをしたりするようになる。

このように、イメージが自然発生し始めるという現象がどうして起こるのかについて、心理学が十分な回答を出しているわけではない。私見では、コードがある分量だけできて、コードとコードの関係を記述するシステムが成熟した結果、その人なりの典型的イメージ（プロトタイプ）が数種類、それらのコードとコードシステムによって記述され、そのプロトタイプの妥当性を検証するために、イメージの内的発信、内的受信が繰り返されるのであろう。

このような現象が起こるようになると、一チャンクに入る情報量も、また、技能に関するワーキングメモリの容量も大きくなり、技能についての思考が効率的になる。それが上級者の資質の要点であることは繰り返し述べているとおりである。

勘が働く

私の友人で、ギター二重奏のステージの最中に、「相手が次のフレーズの後の繰り返しを忘れる！」と勘が働いたという人がいる。そこで、繰り返しを忘れた場合にどう対応するかを考えながら演奏していたところ、勘のとおりになったというのである。それまでの練習で間違ったことのない箇所だったし、どうして、そんな勘が働いたのか自分でもわからないそうだ。楽譜なしの本番で、ふと相手と目が合ったときに、「こいつ、次の繰り返しを忘れるかも知れない」と思ったというのである。

言葉の運用能力のテストなどで、文から「てにをは」が抜いてあって、該当する「てにをは」を入れる形式がある。考えて、論理的に「ここは『を』だ」とわかる場合もあるが、考えないで、「ここは『が』に決まっている！」と思う場合もある。後者のようなのは、勘に近いものである。

球技でも、なにかの折に「相手は、通常のフォーメーションと逆に左から自分をドリブルで抜こうとしている」などとふとひらめくときがある。そして、左に気をつけながらも素知らぬ顔で待っているとまさにそのとおりになり、「待ってました！」ということがある。

勘というものの定義はいろいろとあるが、ここは、根拠が十分自覚できない予測能力と捉えることにする。

予測は、通常、なにかはっきりとした手がかりや根拠に基づいて行われる。予測をしている人は、その予測の理由を誰かから尋ねられたら、「これこれの理由に基づいて」と答えることができる。勘はそれとは異なる。どうも、こういう展開になるのではないかと、主観的にはかなりの確信をもって考えていて、それが実際にあたった場合でも、その理由を尋ねられると「なんとなく」としか答えられないものが「勘」というものである。将棋などでこの種の勘に基づいた妙手を「天来の妙手」といったりすることがある。

けれども、勘の大部分は天から来るものではない。自分の記憶の中核の奥深いところから発するものである。

それは、コード化し、システム化された知識のさらに奥に、うまくコード化されてはいないが、通常とは異次元のインデックスによって検索可能な記憶事象があり、それが、うまく検索され、瞬時に推論に用いられたときに、生まれるものなのである。

それがどのようなものであるかは、現在の心理学の最重要テーマのひとつであろう。私見では、それは、なにか情感と関係したインデックスによって検索され、構築はされているけれども本人にも未自覚のコードシステムによって、小さなチャンクのなかに膨大な記憶情報が一瞬だけ圧縮されて起こるものである。そのとき、記憶事象が長期記憶からワーキングメモリへの出力という通常のルートではなく、長期記憶からアイコニックメモリへ出力されている可能性があると考えている。

そのような「勘」が働いた自分自身の経験を内省してみると、「なにかある！」という感じが、胸騒ぎのような生理的な反応を伴って起こったこと、それから、それがコードによる事象認知を経ず、直接的で妙に生々しい事象認知を呼び覚ましたこと、というふたつの特徴があった。生理的な胸騒ぎは、情感に関わる検索システムが用いられたため、また、直接的な事象認知は、少なくとも部分的に、記憶刺激がアイコニックメモリに出力されたからではないかと考えているのである。

上級者は鑑賞のツボをはずさない

他者の作品や演奏や競技を見るときに、鑑賞のツボを心得ているのが上級者である。技能についてコードとコードシステムが整備されているから、急所が正確に認知できるのは当然のことである。

それに加えて、上級者は鑑賞している相手のそのときどきの心の動きに感情移入することができる。「いま、ちょっと迷った」「いま、ヤマを張った」などということを、感情の動きとして感じることができる。

このふたつのために、鑑賞していて、隠れた急所などを正確に見抜くことができるのである。

負けや失敗をいやがり強くくやしがる

人には、成功したときに喜ぶ気持ちと、失敗したときにくやしがる気持ちのふたつがある。初心者、中級者は、うまくいったときに喜ぶ気持ちが強く、それが成長の原動力となる。けれども、上級者は、失敗したときのくやしさが、うまくいったときの喜びをはるかに上回るのである。

後に将棋の名人についた谷川浩司さんは、子どもの頃、つねに自分より少し強い兄がライバルだった。その子どもの頃の将棋駒には、谷川少年の歯形がついているそうである。自分の形勢が悪いときに、駒を噛みながらくやしさに耐えていたというのである。

楽器の演奏でもそうである。上級者ほど、思った演奏にならなかったわずかな失敗箇所をよく覚えているようである。

上級者になると、失敗は強い自責の念を生む。それは、胸の奥に熱い火箸を突っ込まれたような強い痛覚なのである。それが上級者の成長の糧ともなる。

上級者は、ファインプレーができなくても凡ミスが少ないという、もうひとつの傾向を持っているが、このような傾向は、上級者の失敗の挫折感が強いということの傾向によって作られるのである。

また、さらにもうひとつの特徴は、上級者は、負けや失敗を強くくやんでいても、それをあからさまには出さず、むしろ淡泊なふうにすら装うことが多いことである。彼らは、自分のくやしさをよく自覚しているゆえに、それを表出することにむしろ躊躇《ため》らい《ら》を感じるのであろう。ただ、それでも、よく見ていると、くやしさが強いことが察せられることが多い。

4 他者を見る眼が変わる

他者の技能を見るのを楽しむ

「自分がテニスをするのは好きだが、テレビでテニスの試合を見るのはつまらない」と言う人が結構いる。こういう人は、上級者には少ない。

上級者になると、自分の技能にいろいろな認識があり、かつ、それらの認識がコード化されている。そして、他者の技能を見たときに、他者の技能もコード化して認知し、自他の技能を比べたり、自分の日常の疑問への答えや答えのヒントを他者の技能を見るなかからみつけたりできる。つまり、見ている他者の技術から、コード化して読みとっているものの意味の豊潤度が高く、役に立つ程度も高い。だから、上級者のほうが他者の技能を見ることを楽しむのである。

細かな手がかりから他者評価ができる

サッカーを見るとき、サッカーをあまりしない人は、誰がアシストして誰がシュートしたというくらいのことしか、目に入らない。上級者なら、同じ試合を見ていても、アシストする人のドリブルの上手さ、ゴール前のスペースの状態、シューターにパスを送るタイミングやそのパスの際のフェイントプレーなど、はるかに多くの細かな技術が見えている。

書道の上級者は、書の作品を見て、その作者が一瞬ひるんだ筆遣い、ほんのわずかなためらった筆遣いを、できあがった作品のわずかな墨の具合から見抜くことができる。

管楽器の上級者は、プロの演奏を聴いていて、プロがブレスのタイミングをほんのわずか間違ったために、その後のロングノートが苦しくなり、曲のテンポをわずかに速めた機微が見て取れる。

このように、上級者になればなるほど、わずかな特徴から、多くのことを読みとり、それによって技量の評価を形成することができる。

コード化が不十分なものについては、認識が不十分になる。中級者では、細かな技能についてコード（言語でなくてもよい）が十分形成されていないので、細かな技能が認知の網にかかりにくいのである。

他者の評価が早くでき、評価が明瞭である

他者の技能を見ているときに、上級者は、中級者よりも、多くのことがらが認識できているにもかかわらず、評価の形成にかかる時間が短くて済む。それは、多くのことがらが認識できていても、その多くのことがらの総合評価に対する比重判断なども、安定的に形成されているために、全体的な評価が早くできるのである。

また、上級者の場合、判断に用いられる材料と評価との関係がより明瞭になっている。たとえば、同じプレーを見て五点満点でそれに採点をつけるというようなことをする場合、中級者が二とか四と採点するものを、上級者なら一とか五というように、より極端に明瞭に採点をする違いがある。

これは、ひとつひとつについて、たくさん思考すると、次第に評価が極端になるという心理学的な原則があるからである。心理学ではこれを「思考による極端化」と名付けている。この「思考による極端化」は、認知スキーマの形成度が高いほど強く起こることもわかっている。上級者は中級者よりも、認知スキーマの形成度は高い。したがって、同じプレー、同じ演奏、同じ作品を見ても、上級者の判断のほうが中級者より、判断がはっきりしていて、かつ、短時間でそれがなされる傾向があるわけである。

上級者の他者への評価は安定している

ある人のプレーを見て、なかなか上手だなと思ったのに、別のときに同じ人を見ると、どうもいただけないと思ったりすることがある。このように、同じ人への判断が変動する傾向は誰にでもある程度あるものだが、上級者ほど、他者への評価判断が安定しているのがふつうである。

それは、上級者のほうが、他者のプレーで注意にとまるものが安定していて、それらが確実にコード化され、また、コード化されたことがらの全体判断への比重がシステムとしてきちんと形成されているからである。

プレーのなかには、安定してできる技能と、たまたまできた技能が混在して見られる。中級者の判断が不安定になりがちなのは、たまたま運良くできた技能によって高く評価していたところ、同じような場面で同じ人が次のチャンスにはそれができなかったりするということによるのが多い。上級者は、プレーを見ていても、訓練が行き届いていた結果できたプレーと、たまたまうまくいっただけのプレーも区別して認識している。そして、評価を形成するときは、たまたまうまくいっただけのプレーは割り引いて考えている。このような区別も上級者のほうが安定してできているために、上級者の評価はブレが少ないのである。

他者への評価をすぐに表に出さない

以上数項目にわたって述べたように、上級者は、他者への評価判断が早く、しかも、明瞭にできるのがふつうである。それにもかかわらず、その評価をすぐに口にしたり、表に出したりしないのも、また、上級者の特徴である。

「彼の演奏（ギター）はまだまだだね。もっとアポイアンド（強い打弦法のひとつ）をしっかり使い分けないと」とか「この将棋はこちらがいいね」とか、「あの人の英会話は、観光旅行には困らない程度だけど、いま一歩だね」などと気軽に自分の評価を口にするあいだは、上級者ではない。

将棋や碁で仲間の対局を見て、「もう、黒の勝ちだね」とか「ああ、いま見落とした」などと安易に口に出す人が上級者であることはあり得ない。それどころか、上級者になれば、仲間の対局を見るときでも、自分の視線の落ちている位置がどちらかの対局者にヒントになったりしてはいけないと気遣って、ほんの短い時間だけ局面を見て駒や石の配置を頭に入れ、後は目を盤からはずして考えているものなのである。傍観者が、相手の持ち駒の歩の枚数を確認した一瞬の視線を見て、歩が二枚なら成立しないが三枚あれば成立する手段が相手側にあることに気づくというようなことは、上級者どうしなら日常茶飯事だからである。

骨董買いの催しに行っても、物知り顔に「あれは、偽物臭いね」などと言っている人の鑑識眼はまず中級者以下である。上級者ならうっかりそんなことは言わないものである。

上級者が自分の評価をすぐに表に出さないのには、たくさんの理由がある。

その理由のうち、上達を考えるうえで参考になるものをいくつかあげておこう。

まず、自分の評価を外に出したい動機を考えてみると、そのことによって、自分の力量がある程度まで行っていることを誇示したいという気持ちがある。けれども、それは中級者どうしのなかで、頭を出すというくらいのことである。少し後で述べるが、上級者どうしになると、他者の力量がいろんな手がかりから読めるようになっているから、黙っていても自分の力量が同僚に読みとられていることがわかっている。そのレベルまで来ると、他者の評価を口に出すことによって、自分の技量を表出したいという願望は薄くなるのである。

つぎに、上級者まで来るプロセスのなかで、ものごとを評価する際の認知スキーマが何度か革命的に自分のなかで変容したことを自分が経験している。したがって、いま自分が見ている他者への評価は、いまの自分の心に映る評価であって、自分がこの先、さらに進境があれば、その評価スキーマそのものが変わる可能性のあることを心の片隅で承知している。同時に、自分が評価を表明すれば、自分よりもさらに境地の進んだ他者の目に、自分の認識システムの成熟度をさらすことになることもわきまえており、それも留保の材料となる。それは、現時点での評価が明瞭に行われているという現象と併存する心理的留保なのである。そのために、自分の評価判断に確信を抱きつつも、それを表明することには、シャイネス（気恥ずかしさ）にも似た躊躇いを感じるようになるものなのである。簡単な言い方をすれば、コードのシステムが複線型に形成されているということにでもなろうか。そのため、他者の技量の評価をすぐに口にしなくなるのである。

多くの場合、上級者になる頃には、その技能について、淡泊ながら持続的な愛着を形成しているものである。それは淡泊ながらも人格の一部を形成するような愛着である。そのような人は、自分と同じように努力しつつある他者についても、それなりに好意的な感情移入を感じる場合がある。そのため、とくに、ネガティブな評価を表明することに躊躇いを感じることが多くなるのである。

間接的な手がかりによる技能判断が安定している

技能そのものによる判断のほかに、間接的な所作などによって、他者の技能を判断することが上級者にできることが多い。たとえば、ギターケースからギターを取り出す所作を見ただけで、「ああ、かなり弾けるな」と想像をつけるというようなところである。将棋の場合、駒を箱から取り出す所作で有段者だなと見当がつくこともある。極端な場合には、将棋盤の前に座っただけで、座った姿がぴたっとしているので、「かなりできるなあ。初段前だなんて絶対嘘だな」とわかることがある。写真の上手下手も、カメラを手にした瞬間に、あるいは、ファインダーを覗いた姿に安定感があったりして、「かなり上手に撮る人ではないか」と感じさせられることがままある。

上級者は、このような周辺の所作が板に付いているが、上達する過程において、直接関係はない所作でも、自分のなかで変化する部分があるのに気づいてきている。そのために、同じ過程を経た所作が他者にあると検出できるようになるのである。また、上級者は、当該の技能について、少しずつ愛着を深めつつ上達してきている。そのような愛着が、どういう所作に出るか、同じ過程を経た者には、類似の経験があってわかっている。そのため、たとえばギターのケースをあける所作などに、ギターをさわるという行為そのものへの般化した愛着の兆しを読みとることができるのである。

他者の観察態度を見て、その人の技量を推測できる

デパートの陶芸展などに花を添える意味で、抹茶の席を設けて点前を披露している場面を見たことのある人も多いと思う。あのような席を「大寄せの席」と言っている。点前をしている亭主側が知らないはじめての客がかなりの比率を占める席である。そのような席でも、心得のある人が客のなかにいると、点前の急所をきちっと見ているので、その目つきや様子で、相当の心得のある人だなとわかることがある。

他人の碁や将棋の対局を見ている人の場合でも、もちろん、だいたい無言で見ているわけだが、局面が切迫していないときは、おだやかな目つきで見ていても、局面が切迫するにつれ、無言のなかにも、いくらか厳しさが観戦態度にただようようになる。

野球でも、バスケットボールでも、上手な人とテレビで試合を見ていると、「ここが勝敗の分かれ目だ」というところで、急に口数が少なくなったりして、じっと凝視している感じが伝わってくることがある。

結局、それは、認知コードが発達しているために、ひとつひとつの進展の意味を深く理解することから生じる態度の変化なのである。

他者のプレーを見ていて、そのプレーの意味が深く了解できる人は、了解していることが様子に出る。そしてそれがまた第三者の上級者の目にはわかるというのが、上級者どうしのひとつの特徴である。

他者の個性に敏感で、模倣もできる

上級者は他者の個性を自分のコードによって準言語的に理解する。そのために、他者の個性の把握が正確で、やってみれば、模倣も上手にできることが多い。

たとえばピアノで「エリーゼのために」を演奏するとする。そういうときでも、誰風に弾くとこんな弾き方、誰風に弾くとあんな弾き方と、演奏し分けることができたりする。

上級者が中級者の悪いクセを直そうと指導しているときに、中級者のクセを真似て見せることがある。それによって、直そうとしている要点が十分に中級者に伝わって素早くフォームの矯正ができることがある。こういう先生はまことにありがたいものだが、それができるのも、他者の個性を記述するコードがその人のなかにあるからである。

このように、模倣が上手にできるのは、技能を手続き型知識として記述するためのコードが相対的に完成度が高く、そのコードのシステムのなかで、個性を準言語的に記述することができるためである。

5 自分を正確に認識できる

上級者はクセが少ない

技能学習において、クセと個性がどう違うのかについては、後に詳しく考慮する機会がある。ここでは、マイナス要因になる個人差のことをクセと呼ぶことにする。そうすると、上級者の場合、たとえ「個性的フォーム」などと言われている人でさえ、クセが非常に少ないものである。

私は、以前、将棋の個性である「棋風」を心理学的に研究しようとして、少年時代の羽生善治氏や、当時すでに名人になっていた谷川浩司氏に、ロールシャッハ・テストという心理テストをやっていただいたことがある。その一環として、大山康晴十五世名人に会ったとき、十五世名人から意外な「棋風観」をもらされたことがある。大山名人といえば、古今独歩の「受け」の棋風で知られ、その強靭な個性は揺るがぬ評価を確立していた。その人の口からもらされた言葉はつぎのようなものだった。

「棋風、棋風と言われるし、私なんかも受けの棋風などと言われるけれど、私たちプロは、自分の棋風を消そうと思って努力しているものなのです。私にしても、中原さんにしてもそうですが、調子のいいときというのは、棋風なんか出ないものなのです。調子が悪くなってくると棋風が出ている。だから、棋風というのは、クセで、その人の欠点につながるものです」

この言葉を聞いたときは、驚くとともに、本当の謙虚さに接した気持ちになり、感銘を覚えたものである。

欠点も含めて自分の個性を認識している

上級者は、クセも含めて、自分の個性を認識しているものである。その認識の形成は同好の他者からの評価による部分も大きい。

競技で自分の得意の型が本当に得意になってくると、相手がそれを警戒したり避けたりするようになる。碁で「中国流布石」が得意になってくると、相手が四手目をはずして、中国流を妨害する打ち方をしたりするようになる。

テニスのボレーが得意だと、相手は、ベースラインを中心とする打ち方をして、ネットプレーを妨げようとする。

楽器の演奏でも、自分の演奏を他者と比べると、自分の長所がはっきりとわかるようになるし、他者からも、ある特定の弾き方や解釈について尋ねられたりするようになる。

このようにして、自分が得意にしようと思っていたものが、周囲からそう認められ始めると、自分の個性の認識が確かなものになってくるのである。

それと同時に、自分のクセについても、熟知するようになってくる。自分の欠点の認知というのは、愉快ではない認知だから、本当の意味で向上心が出てこないとそれを直視する気持ちになりにくいものである。けれども、いったん直視し始めると、技能認知のためのコードやコードシステムが形成されているから、そのクセが生じている原因や、クセの悪影響について、洞察を持つこともできるのである。

練習方法が工夫できる

詰め将棋というのは、数枚の駒を使ったクイズで、攻め方は、王手の連続で玉方の王将を完全に詰めなければならないものである。通常、攻め方を手前にして問題の局面が与えられているのだが、あるアマ高段者は、学生の頃、それを上下逆さまにして解いていたという逸話が残っている。自分が攻める立場で図面を見るのではなく、攻められる立場で図面を見るのである。その人によると、「試合の対局中に、相手の王将に詰みがありそうなときは短時間でピンと来るのに、自分の王将が危ないときにピンと来ずに、油断して負けたことが続いたから」というのがその理由である。彼によると、その努力はしばらくしたら実り始め、自分の王将の詰みを見落とすことが少なくなったそうである。

スポーツでも、ある特定の筋肉を鍛えるとよいと思いつき、そこだけボディビルで鍛えるとか、ある特定の場面を想定したイメージトレーニングを何度もやるとか、上級者は、自分独自のトレーニング方法を開発することができる。

それと同時に、従来、標準的にやっていたトレーニングのなかに、自分のクセの矯正という目的からは、しばらくやめたほうがよいものに気づくこともある。何年間もやっていたトレーニングをたとえ一時期でもやめるのは不安を伴うものだが、必要と判断すればそれができるのも上級者の特徴である。

私の知っているチェリストで、ある時期、チェロの練習そのものを半年ほどやめた人がいる。それを聞いたピアニストの友人は「自分ならそんな恐いことできない」と言っていたが、本人によると、それで多くの物が得られたという。

このような判断ができるためには、技能についての思考システム（コードとコードシステム）がしっかり形成され、その判断の確信度が思考上維持されなければならない。

中級者や初級者からも学ぶことができる

中級者まででは、教えてもらう相手はもっぱら自分より上級の人である。上級者になると、教えてもらうというよりは、他者の技能を見て考える、見て盗むという部分が大きくなる。それは、自分より明らかに技能のまさる人というのが少なくなるということと、さらに、技能のコードとコードシステムが頭のなかで整備されるので、見ただけで要諦を見抜き、記憶する能力が高まるからである。

そのようになってくると、自分より総合的には劣る人の技能を見ても、部分的にすぐれたところを見抜き、それを取り入れることができるようになってくる。同程度の人だけでなく、自分よりも未熟な人からも学ぶことができるのは、上級者であるかどうかのひとつの大きな判断基準である。また、初心者に対しても、その人の長所を指摘してあげることができるので、指導を受ける人が伸びるようになる。

このような域に達すると、当初に読んだ入門書のようなものを読み直しても、そこからあらたに得るものが出てくるようになる。そうして、初心者を対象としたもの、基本的な技能を解説したものを、あらたな面白さを感じながら読むことができるようになる。

上級者のなかで、基本技能の本などを、興味深げに読んでいるような人は、この域に達していることが多いのである。

上位者に敬意を持っている

上級の域に達した人は、その道のプロや名人級の人に対して、おだやかで深い敬意を持っているものである。プロが、少し間抜けなプレーをしたくらいで、「あのくらいなら俺でもできる」と言ったり思ったりしないものである。

一時期、将棋の若いプロ棋士に女性ファンが殺到したことがある。そんな頃、「アイドル」の中心だった羽生善治さんは、「女性ファンが、将棋にも関心を持ってくれればありがたいのですが」と控えめに語っていたことがあった。上級者の敬意は、この種の「ファンとしての憧れ」とは大いに異なる。

自分が上達を志し、それなりの努力をしてみると、超上級者の鍛錬や打ち込み方の深さがよく実感できる。ピアノでは、「一日練習を怠ると、自分にそれがわかる。二日怠ると、先生にわかる。三日怠ると、聴衆にわかる」という。どんな技能であろうと、プロのレベルを維持するのには、それなりの負荷がかかっている。それだけに、相手がそれを維持し、さらに向上を目指している人であると知るとき、十分な根拠と実感をもって敬意を持つことができる。

人格的な安定感がある

なにかひとつの技能でも上級の域に達した人は、その過程で人格的な安定感を身につける。日々の生活のなかで、上手に時間を作り、情熱を数年にわたって静かに燃やし続けるという生活の継続によって生まれる安定感である。

業務や日々の必要なことをこなすだけでも、日常の生活はかなり大変である。そのなかで、コンスタントにひとつの目標に向かって時間を確保するという行為は「個の強さ」を必要とする。そのような生活を続けることによって、それぞれの人の個の強さが磨かれ鍛えられると言ってよい。

中級者から上級者に脱却したとき、「脱却した」という実感を持つのがふつうである。同じ技能をやっていて、昨日とは見えるもの、見え方が異次元に違うという状態を経験するはずである。

それを経験することによって、その特定の技能を超えた自信ができる。

「やればできる」というような根性主義の自信ではない。合理的に考え、じっくり時間をかければ、見え方の違う次元に昇ることができるという自覚である。

それを経験した人は、その技能で、上級に達していない人からは見えないもの、納得できないものがあり、自分にはそれが見え、納得もできるということが実感としてわかるようになる。すると、その他の大部分のことでは、自分も中級者以下だから、自分にはかんたんにわからないものがあるということも納得できる。そういう意味での謙虚さのようなものが身につく。

そのような意味で、分相応ということがわかるようになる。

また、ひとつのことで上級まで達成できた人は、仕事でも、なにか新しいことを覚える必要が本当に生じたときは、自分がきちんと自我関与して取り組めば、高い次元に昇り、洞察のある見方ができるという自己信頼を持つことができる。

そのようなことがいくつも相まって、人格的な安定感というものを作り出すのである。

上級者と中級者の狭義の差異は、当該の知識や技能の違いである。本章ではそのような狭義の差異から離れて、とくに記憶と自我関与のメカニズムから上級者と中級者の違いを吟味した。上達という行為がもたらす変化のイメージを摑んでいただけたなら幸いである。
次章から、これを念頭に、実際の上達の方法論を考えていきたい。

第四章

上達の方法論——中級者から上級者になるステップ

1 鳥瞰的認知を高める

上級者は中級者が一度脱皮したものである。認知と記憶の構造に変化が起こり、記憶や思考の効率が高い状態になるプロセスが、ここでいう脱皮である。自分自身にその脱皮を引き起こすための方法をここでは解説する。

得意なものにこだわるメリット

得意なものにしばらくこだわってみると、それを中心にして全体が見えるようになる。それがバランスのとれた鳥瞰図とまでいかないことは事実だが、得意なものを認識の中核とした全体観だということになる。あるひとつのものを中核として、それにこだわり、長《た》けてくるようになると、その中核認知において形成された認知スキーマが、別のものを見るときの洞察を生むようになる。そのプロセスを早い時期に形成するのが大切なのである。

この得意なものにこだわる時期を経ずに、はじめからバランスのとれた鳥瞰的認知を得ようとするのは、難しい。できないことではないのだけれど、中核のない、浅い、鳥瞰的認知になる危険があるのだ。そのことによって、全体的理解が浅い段階にとどまってしまう懸念があるのだ。むしろ、全体鳥瞰は、このような、一点を中核とした認識を多種繰り返すことによって、練った形で獲得していくのが有益なのである。

パソコンソフトを一から習得しようという場合でも、あれもこれもと手を広げないで、ワードならワードにまずある程度習熟するのがよいと思う。そうすると、ワードで習得したスキーマがエクセルやパワーポイントを使うときに活かされるのである。

得意なものは、自分自身のアイデンティティの形成に役立つ。たとえば将棋で「自分の得意は穴熊戦法だ」という認識があると、その分、やりがいが生じやすい。

また他者から「あの人に穴熊にされると、勝ちにくい。あの人と対戦するには、速攻に限る」などと言われるようになると、まわりの人から見ても、自分と対戦する楽しみが大きくなることになるし、また、自分自身にとっても、さらに練習しがいがあるという状況が生まれるのである。

フルートでロングノートが上手だということになると、曲を演奏するときでも、ロングノートの箇所の演奏が生きるように、他のところの演奏を調整することになる。同じ曲を弾いてもそれが自分の個性になる。と同時に、それが他者の視点を介した自己アイデンティティになる。

上達に必要なことのひとつが、自己アイデンティティであることはすでに述べた。このようにして強化される自己アイデンティティが、強い自我関与を生む。自我関与の深さが、ワーキングメモリから長期記憶への形成の鍵を握っているのである。

ノートをとる

ある程度、コンスタントに練習をするようになれば、どんな形でもいいから、記録やメモをとったりする工夫を始めるべきである。

茶道では、奥伝といって、流派の異なる人には見せないし、流派が同じでも、ある水準に達していない人には見ることすら禁じている点前がある。体で覚えなければならない点前なので、公然とノートをとることは許されない。けれども、実際には、どの人も、習った日には大急ぎで帰宅して、忘れぬうちにノートに書き留めるのである。一度や二度ではとても覚えられないし、一種目について年に一度稽古を受けられるかどうかなので、稽古の直前にはノートを見直し、ノートや記憶があいまいなところをみつけ、稽古に出る。稽古に出たら、そのいくつかのヤマについて真剣に手直しをしてもらい、稽古が終わったらまた急いで帰宅して、あいまいだったところを書き足すということを繰り返す。このようにするものだから、一種目についてのノートが完成するのに、数年がかかることになる。

このようなことを繰り返しながら「書き留める」という行為について発見したことがたくさんある。

まず、茶道の所作は、技能であるから、間合いや曲割《かねわ》り（道具の位置）という、本来言語で記録しにくい要素が多い。それでも記録するためには、言葉のないところに自分なりに言葉を作っていかなければならない。茶道の炉の点前の柄杓《ひしゃく》をとる所作でなかなかうまく記憶に残らない所作があったのだけれど、それは、あるとき「そうか、手の形を形状記憶合金みたいにすればいいのだ！」と命名できたときに、解決した。言語になりにくいものでもいったん言語化することが大切なのである。つまり、技能をコード化し、コード化した内容を言語にする工夫が必要である。その工夫をするプロセスで、コード化が豊富になり、コードのシステムの整合性が高くなる。

ノートをとることのメリットをもう少しあげてみよう。

まず、ノートをとるためには、何時間か後にノートがとれるように覚えていなければならない。その「覚えていなければならない」という心理的圧力は、ワーキングメモリと長期記憶にとって、とても大きな負担となる。そこで負担をかけることが、コード化能力の上昇に大きく寄与する。

また、当然ながら、ノートは、反復復習を可能にする。技能や知識のなかには、ノートがなければ復習ができないものが少なくない。先ほどあげた茶道の例もそうだが、テニスの技能などでも、そのときの感触をノートに書き留めておくことがとても役に立つことがある。

たとえば、テニスのフラットサーブのコツのひとつは、球を落とそうと思う地点より若干右を狙う感じで打つことである。そのヒッティングポイントをみつけたときは、意外に右だなと思うものである。それで、集中的にサービスの練習をすると、その右寄りのポイントをいったん体が覚えてしまうために、「右だ」という宣言型知識が忘却気味になることがある。それで三カ月ほどもサービスをしない時期があり、サービスをすると、それを忘れているばかりにうまくいかず、かつ、「右だ」ということを思い出さないまま球筋の調整をすると、フォームのいろいろなところが崩れてしまうことがある。ところが、若干右に狙うのだということに気づいて、それが新鮮に感じられるあいだに「意外に右だ！」などと一言ノートに書いておくと、練習のブランクがあってもそれが思い出せる。そうして、確実な反復練習ができるようになるのである。

このように、技能そのものは言語で表しにくいものでも、なにか言語的に書き付けておくことで、それがきっかけとなって記憶の想起を促してくれることがある。そのメリットが意外に大きい。

一の量の経験をしても、それを二の量、三の量にするように工夫するのが上達の要諦である。ノートはそれを可能にしてくれる。

将棋などは、棋譜といって、自分と相手の指し手をすべて記録することが可能である。二段くらいになれば、自分の指した将棋は、翌日でも覚えているものである。そのときに棋譜をノートにとって残しておくべきである。いまは、それ専用のコンピュータソフトもある。棋譜があれば、自分の経験を追体験できる。本番でミスをしたところに来ると、本番のときと同じくやしさを追体験できる。大事な対局なら、日が経ってからのほうがくやしさがつのることすらある。勝った将棋なら、得心の一手をみつけたときの興奮がそのままよみがえる。相手がこう来たら自分はこう、相手がああ来たら、自分はああ応じる「読み」だったのだと、実現しなかった変化にまで思いを馳せることができる。負けた将棋も、ここでこう着手したら勝っていたのではないかなど、そのとき考えた何倍もあとで考え直したりする。こういうプロセスで、一局の対局でも、経験としての深さを何倍かに深めることができる。それも棋譜がノートにあればこそできるのである。

メモなどでは残せないテニスなどでも、可能な限りノートに残す工夫をする。作戦や球筋を自分がどう想定し、それがどうあたったのか、あるいは、はずれたのか。それで自分はどう感じたのか。それをちょっとメモしておくことで、なにかのときに何気なく見直して、そのマッチをありありと思い出せることがある。そのように過去の体験を想起することで、一度の体験の価値を高めることができる。

さらに、ノートをとるという行為そのものが（極言すれば、あとで見返さなくても）心理的な自我関与を高めてくれるということがある。ノートをとるということは、役に立つ側面も大きい反面、面倒くさいものである。けれども、その、面倒くさいことを続けることは、心理的なコミットメントを強め、自我関与を高める。高い自我関与が、ワーキングメモリから長期記憶への形成を促進することは、何度も述べたとおりである。

はじめは、どのようにしてノートをとっていいかわからないという人も多い。それはそれでよいと考えている。大切なことは、まず、ノートをとり始めることなのだ。ノートをとっているうちに、次第に、自分なりの書き方の工夫が出てくるものなのである。そのプロセスそのものが、コード化能力、コードシステム形成のプロセスなのである。

概論書を読む

ある程度定期的な練習体制が整ってきて、好きな型や得意型ができてきたら、本を読み始めることをお奨めする。こんどは、入門書と異なり、概論書に向かうような幅広いものがよい。テニスやゴルフ、陶芸などは、宣言型知識の役割が小さく、本を読んでも仕方がないと思われるかも知れないが、そんなことはない。手続き型知識が大部分のものでも、本を読むメリットは大きい。以下に、そのメリットを考察する。

まず、技能について本を読むことは、本来言語で伝えにくいことがらを言語で伝えているものを読み、それを技能にいわば翻訳して理解しようという試みである。したがって本を読み、そこから技能を理解するという活動によって、その技能に関するコード化の能力が上昇する。また、それに伴い、思考能力そのものが上昇するのである。

たとえば、テニスのサーブについて読むとする。トス直前の左手でのボールの握り方について、「ゆでタマゴを握るような柔らかな手つきで」と書いてあると、その言葉を見て、力の入れ具合を想像しなければならない。それを読んでいるときに、ボールを握っていないことが多いだろうから、ボールの重さ、大きさ、感触などを想像しながら、力の入れ具合や膝のリズムのとりかたなどを想像することになる。そのような頭脳活動をイメージトレーニングということもあるが、イメージトレーニングによって、該当する技能について考えるためのツール、すなわち、コード化機能を強化することができるのである。

コード化機能の強化が上達の要諦であることは何度も述べているとおりである。

つぎに、概論的な書物から、鳥瞰的な知識が得られることがこの段階では大切である。鳥瞰とは、鳥が空から地上を見るようなという意味である。

すでに自分の得意を作り、その得意を核として技能の習得が始まっている。技能訓練の範囲を全体に広げるまでの必要はないが、鳥瞰的な知識が得意の技能習得に洞察をもたらすことがある。

テニスのフォアハンドボレーのときのグリップがフォアハンドストロークとは異なり、バックハンドストロークと同じであるというのは概論的な知識である。それがよい理由を考えてみることによって、ストロークやボレーについて考えが深まり、「そうか！」と膝をうって目が開けることがあるかも知れない。また、この時期の知識習得によって、いったん決めた自分の得意よりも、他のもののほうが自分の個性に向いていると思えるときがある。そういう場合、得意を変更してもよいし、しなくてもよいが、自分の得意がこのままでいいかと悩んでみることが大切である。得意について再考したり悩んだりするプロセスによって、ここまでで形成されたコード化の能力がさらに鍛えられ、かつ、コードのシステムが整合性の高いものにまとめ上げられることになる。

後述するが、もう少し後になると、自分のヒナ型を作るプロセスに入る。そのときに、なにを教材にするのがよいかなどを判断するための知識やそのための洞察のための知識は広いほうがいい。

2 理論的思考を身につける

理論書を読む

概論書によって鳥瞰的な知識を得たら、理論的な勉強をする。概論書と理論書は違う。概論書は、いくらか浅く、しかし広く知識が整理してあるものである。理論書は、広さはないが、ものごとの原理を整理して書いてあるものである。理論書には、理論書どくとくの議論の細かさがある。その細かさに耐える認知システムを作るのが、このプロセスの大きな目的である。

文章技術で例をあげるなら、文章読本や作文技術の本が概論書にあたるとすると、国語文法の本が理論書である。プロの文章家になろうとする場合、文法書による文法的な鍛錬を経ることなしに上達を望むのは限界がある。

英会話を習得しようという場合、会話文例集が概論書とすると、高校参考書のような「堅い」文法書が理論書だということになる。

テニスやゴルフなどでは、一冊の本に概論と理論の章が両方含まれていることが多い。その場合、テニスラケットの動きとスピンの関係、ファーストサービスとセコンドサービスの区別が理論的に解説してあるようなところが理論にあたる。ゴルフでも、パターの選び方、芝目の読み方など、詳しく書いてあるような章が、理論にあたる。

概論的記述と理論的記述の大きな違いは、読みやすさである。概論は、いろいろなものを少しずつ解説してあり、そう読みにくいものではない。理論書は、細かな違いを事細かに解説してあり、記述にも妥協が少ないため、読み通すのにかなりの根気が必要である。ページを開いて少し読んではため息をついて休憩するという具合にしか読み進めないこともある。それを少しずつ読んでいって、読破するのが望ましい。一度に読破できないときは、一度おいて、二カ月か三カ月してからもう一度取り組んでみてもよい。それを繰り返しても、数年たっても読み通せないということがあるかも知れない。そういう場合でも、理論書をこの段階くらいから読み始めるのには、それなりの意味がある。

その意味について少し述べてみたい。

未熟だからこそ理論が必要

まず、理論的思考を身につけることが、上達の道具となる面が大きい。効率をよくして上達しようという場合、相対的に少ない練習量、少ない経験量を有効に血肉にするということが大切となる。そのためには、自分の練習や経験、他者の練習や経験を深く理解することが有効となる。そのために、理論が有効なのである。よく、理論はプロのためのもの、達人のためのものだと考えている人がいる。その考えはむしろ逆であることを指摘しておきたい。

語学を考えてみよう。アメリカ人、イギリス人が造作もなく英語を話せるのは、幼い頃から、英語の会話、言葉をシャワーのようにたくさん浴びているからである。刺激の量、練習の量が多いから、文法を知らなくても、英語が話せるのである。私たち外国人が英語を学ぶ場合、非常に大きな努力を効率よく注入すれば、おそらく、三年から四年くらいで、成人のアメリカ人と同等程度の能力を獲得することができるであろう。けれども、その場合でも、英語に触れる時間は、絶対量としては、かなり少ないはずである。英語を母国語とする人ならば、まわりの会話から、文法の骨子を耳で切り取っていつの間にか覚えている。彼らが耳にしている会話には、そのように切り取る必要のない、知識としては効率の悪い部分もたくさん含まれている。絶対量が多いから、自然に切り取っているものが十分な量になっているのである。外国語として英語を学ぶ場合は、その種の無駄を省くことが必要である。いきおい、骨子を効率よく学ぶことになるわけだが、骨子を切り取り、骨子が骨子たるゆえんを説いたものが文法であり理論であることになる。

ゴルフのプロは、ひとつのショットを、同じストロークでそれこそ何百回も練習する。そのなかから彼らは、技を少しずつ仕上げ、体得していく。そのように贅沢な練習ができない私たちこそ、理論をきちんと学ぶことによって、技能に関する思考能力をあげ、経験不足を補うべきなのである。

理論書を読んで、弁別力を高める

つぎに、理論書を学ぶことによって、細かい差の重要性や意味を理解できるようになる。

理論書にはしばしば、微細な違いが、理論的に評価して記載されている。理論書を読み通すのが大変なのもそのためであるが、その記載をきちんと理解することによって、正確な認識方法、思考方法を身につけることができる。そうすると、中級者のときには大した違いだと考えていなかったことが、じつは、とても大切なことがらだったというようなことがわかるようになる。

将棋では、歩という最小の駒一枚の差が大きな差だとわかると、だいたい中級者である。中級者になれば、歩一枚の差がしばしば勝敗そのものを左右することはあたりまえのことと理解できる。それに加えて、「手ドク」（手の効率上の得）の重要性が認識できると上級者に近づく。初心者どうしの対局では、両方が角道を開いた後でいきなり角を交換するということがしばしばあるが、これを上級者がしないのは、この角交換が「手ゾン」になるからなのである。

陶芸では、青の釉薬《ゆうやく》と赤の釉薬は基本的に同じ釉薬である。鉄を主成分とする釉薬が、窯が十分な酸素で燃えていて、酸化発色したときが赤色、酸素が足りず、還元発色したときが青磁色になるのである。これは、初心者的な知識の一例にすぎないが、陶芸の発色はすべて酸化発色か還元発色のどちらかなのだから、種々の釉薬についてその違いを理論的に理解していなくては、試行錯誤が多くなってしまう。

木管楽器では、音を切るためのタンギングに「トゥ」と「ク」があるが、理論的には厳密に使い分けられている。その使い分けを理論的に知ることが、じつは、何曲もの練習曲をマスターするのに匹敵するのである。

音楽で対位法を学ぶと、和音の幅が狭いときは、ピアノやピアニッシモの表情のほうが合うことの多いのが理論的に納得できる。また、コードが正確にわかることで、曲の解釈の力がまったく違ってくる。同じメロディーを弾いていても、コードの切れ目が見えるようになると、表情を変えるタイミングがしっかりわかるようになるのである。

3　精密に学ぶ

ひとつのものを深める

なにかひとつのものを決めて、それを精密に学ぶということをやってみる。ここまでで、いったん、とりあえず得意なものを決め、その後で概論的な読書をして、その得意が、まあまあ自分の個性や好みにあっているという過程を経てきている。その延長として、その得意のなかから、さらに目標を絞り、とことん追求してみるのである。

日本のクラシック音楽家をたくさん育てた方法として名高いものに桐朋音楽大学の故齋藤秀雄教授による「齋藤メソッド」というものがある。ひとつのオーケストラ曲を選ぶと、おびただしいエネルギーを注入して、その一曲だけを長い時間をかけて仕上げていく方法である。ときには、半日かけて、数小節しか進まないということがあったそうである。ところが、このくらい精密に一曲を仕上げていくと、ある時点から、曲というもの、演奏という行為について、目が開けるようになるということである。そのほうが、浅く何曲も学ぶよりも、音楽の目を開かせることになったと多くの人が述懐している。小沢征爾もこの齋藤メソッドで学んだひとりである。

ピアノの独奏なら、大曲を一曲仕上げるとか、特定の作曲者のものにしばらく集中するとかしてみるのである。発表会などの機会を活かす方法もある。

写真を学ぶ場合、寺社が好きなら寺社ばかり撮るとか、人物のスナップが好きならそればかり撮るということをする。

あるいは、望遠レンズの表現にとりあえず惹かれるなら、つねに望遠レンズを使っていろいろな対象を撮るということをしてみる。そうすると、なかには望遠レンズではどうしてもうまくいかない被写体があるということもわかってくるが、望遠レンズで撮りにくいような被写体でも無理に切り口を探していると、みつかるようになるという経験をする。それが習熟と洞察を生む。

この精密練習にとりかかるとき、だいたいこの程度の時間があれば、マスターできるようになるだろうという見当を持っていることが多い。実際にやってみると、途中から、狭い限定的なレパートリーのなかに意外な豊かさと面白さのあることに気づくことが多い。

その面白さにとりあえず溺れてみることが必要である。

対象を変えて精密練習を繰り返す

溺れるようにして、精密練習に耽溺していると、また、かなりの時間を経てから、「もう、これはだいたいわかった」と思えるときが自然に来る。そういう時間が本当に自然に訪れたら、また別のものを対象にしてしばらく打ち込んでみる。これを螺旋階段を昇るように繰り返すのが上達の要諦のひとつである。

精密練習の対象を変えてみると、もともとこだわっていた対象と、新しくこだわることにした対象の特徴が、はっきりと心に映るようになる。ひとつを深く学んだあとだから、その心への映り方は深い。この種の経験を積み重ねることが、洞察を生んでいく。

寺社の写真は、建築物と樹木が両方入った写真である。建築物を構成している図形は直角である。写真のなかでたとえ直角に写っていなくても、見る人はそれを頭のなかで直角に補正して見ている。その補正のメンタルな影響が同じ写真の寺社の隣に写っている樹木の認知に出る。それを利用して画面を構成していくのが寺社写真のコツである。

寺社の写真で精密練習をしたあとで、自然の風景写真に対象を転じたとする。山や湖だけの風景写真には、直角の基準になるものが絵のなかにない。木も地面に直角に生えるわけではない。寺社の写真を撮り慣れた状態から山水の写真に移行すると、直角というものがない図形をどのようにまとめるかに個性が要求されることがわかる。このような経緯から洞察が生じると、寺社の写真も、山水の写真も、それぞれ深く構図が構成できることがわかるのである。

日本人でないのに、将棋が驚異的に強くなった人に、カウフマンというアメリカ人がいる。本業はチェスのプロ棋士だが、毎年夏に二カ月ほど滞日して、将棋にのめり込むようである。この人の勉強法が参考になる。まず、前の年に日本を離れるときに、特定の戦法の将棋の本を片っ端から買って帰る。そして、アメリカにいて将棋を指す相手もいない十カ月間、日本語もわからないのに、それらの本の棋譜を詳しく検討する。日本語が読めないのだから、解説の内容、とくに、形勢の判断基準などは、棋譜から類推する程度にしかわからないそうだが、それでも集中的にその型に通じるようになる。そして、翌年の夏来日すると、過去一年間熟達したその型だけに集中して将棋を指すのである。

ある年の夏、彼の得意は四間飛車という戦法だった。四間飛車を妨げようと相手が変化をしても、相当無理をしながらもその形にしてしまう。次の年は、中飛車だった。中飛車の年になると、もうどうしても四間飛車は指さなかったようだ。

こういうやり方で、十年ほどで、日本のトップアマに匹敵する力をつけたのである。上達速度としては例外的に速い。

茶道にも「薄茶三年」という言葉がある。薄茶というのは、すべての基礎となる点前だが、それを丹念に三年やらなければ、それより上位の点前を教えないというほどの意味である。実際に、本業の茶人を目指す人は、「薄茶三年」に近い修業をするらしい。そんななかである種の洞察が深まり、上位の点前の急所がよく見抜けるようになるのであろう。

いずれにせよ、なにかひとつを「得意」と決め、その小さな部分に大きなエネルギーを集中する時期が必要である。得意が決めにくいときは、種目にあみだくじを作って、ランダムに決めてもよいほどである。

この種のやり方でこだわった「得意」は、結果的にはあくまでプロセスであり、それがそのまま生涯の得意となるわけではない。将棋の谷川浩司名人は、プロの四段になってからは、めったに振り飛車戦法を指さず、むしろ、相手に振り飛車を指させて勝つのを得意にしていた。けれども、三段までの修業時代は、逆にほとんど振り飛車ばかり指していた。振り飛車に集中した若い時代があって、後の飛躍があったのである。将来も得意にし続けるかどうかはともかく、いったん得意をひとつ作り、それにとことんこだわるという時期が大飛躍のためには必要なのだ。

精密練習で要求水準が高まる

こだわりの時期は、自らに対する要求水準を高く作り上げる時期でもある。自分がこだわっている種目では、ほかの人に負けたくないという気持ちが自然に出てくるものである。

将棋が二段の人でも、得意戦法では四段に勝つことがあるかも知れない。接戦になることはありそうだ。うんと上位の人と接戦になるようなことがあり、また、得意がまわりの人にも認識されるようになると、得意分野で養われた要求水準が、やがて全体の要求水準をあげることになる。それがさらに深い自我関与を生む。

陶芸の鑑識眼でも、楽茶碗なら楽茶碗だけにまず詳しくなる。そうすると、手取りの軽さや高台の削り出しなど、楽茶碗の急所を覚えるようになる。そこからさらに、陶芸家の作意というものの高度な読みとり（洞察）ができるようになる。そのなかから、他の種類の茶碗の見立てにも通ずる洞察が生じるのである。

自分の得意の分野では、他の分野よりも鳥瞰的にもまた各論的にも、認識能力が冴えるようになる。その冴えは、このように後に得意を変更したときにも、洞察として活かされるのである。

深い模倣や暗唱をする

模倣は学習の基本である。最近の教育の風潮は、模倣を軽視してきたが、誤った風潮だと私は考えている。

『声に出して読みたい日本語』『「できる人」はどこがちがうのか』の著者として名高い斎藤孝氏も、生きる力のもっとも大切な力として「段取り力」「コメント力」と並べて「まねる力」をあげておられる。

精密トレーニングのひとつの手段として、深い模倣をすることが有効である。

文章に上達する方法として、昔から写文が有効だと言われる。夏目漱石を学ぼうと思えば、万年筆で原稿用紙に「草枕」の有名な冒頭などを書き写してみるのである。書く速度でゆっくりと文を味わってみると、読んでいたときには気づかないいろいろな文章上の苦心に気づく。わずか三十分書写してみただけで、目から鱗が落ちる思いをするはずである。たくさん書写すると、ああ、ここで漱石は一度休みをとったな、とか、ここで日が改まったのではないかなどということがおぼろげながら想像できるようになる。そしてその想像がだんだんはっきりしてくる頃、漱石の思考のリズムとでもいうべきものが身についてくるのである。不思議なことに、同じものを書写した人どうしがこういう話をすると、ここで休みをとったと想像する箇所がずいぶん類似しているものなのである。

時間がなければ、ワープロで写してもよいと思う。あるいは、声に出して読んでも、黙読するのとは全然違うという人が多い。とにかく、ある程度時間をかけて、ひとつの作品、ひとりの作者とじっくり取り組んでみるのである。

ピアノ曲を練習する場合も、ある特定の曲のある特定の演奏家による演奏のCDなどを用いて、極力それを模倣してみる。ここは、自分ならこんなふうには弾かない、という箇所があっても、それはそれとして、模倣に徹してみる。微細なところも一度はそっくりに演奏できるまで粘って工夫してみる。そうすると、模倣に苦労するところがある。その苦労を乗り越えようとしていると、それまでには見えていなかった指使いや、ちょっとした技法など、その人が独自に工夫しているものに突然気づくことがある。あるいは、自分の解釈と合わない演奏でも、模倣しているうちに、自分とは異なる視点の一貫性が、突然、それこそ目から鱗が落ちたように、見えてくることが多い。その過程で、いくつもの疑問が解けたり、洞察があったりする。

英語が上達したいと思ったら、自分の領域で手本となるような英文、論文をみつけて、それを一度暗唱してみる。書写してもよいが、一度にパラグラフひとつ空で言えるくらいに暗記してみる。電車の時間を利用してみてもよい。そうすると、たんに英文の構造がわかるだけではなく、説得するための文の構造の作り方――英語には英語の説得の戦略があり、パラグラフの組み立てが日本語とまったく違うことなど――がしっかりわかる。そうすると、たんに英語だけでなく、英語で専門的な主張のためにはどのような文の運び方が有効かということが体得できるようになる。短期間で外国語に長けるようになった人の多くは、必ず、この種の暗唱をしているものである。

私の世代では、故ケネディ大統領の就任演説を暗唱した人がずいぶんいる。

"To those old allies whose cultural and spiritual origins we share, we pledge the loyalty of faithful friends. United, there is little we cannot do in a host of cooperative ventures. Divided, there is little we can do; for we dare not meet a powerful challenge at odds and split asunder."

というあの有名なくだりを含む数行を見ると、当時の理想主義的なアメリカの雰囲気がいきいきとわかるわけである。

それ以上に大切なのは、この文章のリズムが、英語で人を説得するときに本質的なリズムを備えていることである。関係代名詞がたんなる修飾を超えた役割を演じている。これを暗唱すると、文法的にはワキ役にすぎない形で説得の本質を主張する呼吸を身につけることができるのである。

茶道でも、熱心な人は、プロの茶人の点前のビデオに間を合わせて自分が練習したりする。「間」を学ぶわけである。「間」を合わせようとすると、実際には、茶筅とおしをする動作、茶巾を拭く動作などが、プロ同様に的確にできることが必要になる。また、「間」が持っている沈黙の意味をうかがい知ることができる。

好きな写真家が、ある特定の寺で撮った連作をみつけたら、同じ寺に自分も行ってみる。そして、その写真家がカメラを据えた場所とアングルをみつけてそこに立ってみる。そういうことをしてみると、こんなところに目をつけるのはすごいなあ、などと実感できる部分が出てくる。その実感が自分の技量を伸ばしてくれる。

この暗唱訓練では、可能な限り、模倣しよう、覚えようとすることが大切である。一度経験すれば納得できるが、覚えようと努力することから派生するさまざまなメリットがある。

暗唱することで、コードそのものが増加するということはあまりない。けれども、きちんと模倣し、暗唱するという圧力をかけることによって、コードのシステムが重層構造になり、システムそのものが豊潤化するということがある。コードシステムが発達しなければ、一チャンクに入れられる情報量の増大がはかれず、ひとつの演技を最後まで覚えきることができないからである。そのことが、情報処理能力を豊かにし、感性を豊かにしてくれるのである。

4 イメージ能力を高める

イメージ能力を大きくするトレーニング

将棋には、目隠し将棋という鍛錬法がある。盤や駒を用いず、「いくよ。7六歩」「3四歩」「7五歩」……というふうに、会話で指し手を進めて対局をするのである。局面が進んでいくと、次第に局面のイメージがぼやけてくるが、アマ三段くらいの人なら、この方法で対局を最後まで進めることができる。非常に疲労するし、局面の記憶のためにワーキングメモリが使用されるので、その分、手を考える作業がしにくくなり、ゲームとしての将棋のレベルは下がってしまう。それでも、目隠し将棋をしばらくすると、あるときから、ふつうの対局が圧倒的に楽になることがある。それは、イメージを維持するために、コード化システムの統合がさらに進むからである。

このほかにも、ふつうは本の局面を見ながら考える詰め将棋を、いったん問題を覚えて、本の局面を見ない状態で考える訓練をするのは有効である。疲労度は強いものの、ワーキングメモリを相対的に大きくすることができる。

ピアノ曲などを暗譜して演奏するのにも同様の意味がある。

暗唱した曲を、ピアノのないところで、思い出す練習をするのも、有効なトレーニングである。ピアノがない状態で思い出していても、のってくると、鍵盤を押す感触が一瞬指に感じられたり、音の艶のようなものをイメージのなかで感じたりできる。このような過程を繰り返すことによって、コードシステムの深化が進むのである。

テニスのような運動技能でも、電車のなかなどで、じっと思い出してみる。慣れてくると、球離れの瞬間など、ほんの短い時間であっても、手応えを思い浮かべることができるようになる。これを繰り返すことによって、記憶のシステムが鍛えられ、自分の成功失敗の記憶や、他者からのアドバイスどおりにプレーしたりするための認知の受け皿が鍛えられるのである。

他者を見て感情移入する

他者の演技やプレー、作品を見るときに、なるべくその他者に感情移入する練習は有効である。

将棋や碁なら、棋譜を再現しながら、「ここは、ぐっと我慢という心境だな、つらいなあ」「思い切った手だけど、勇気がいっただろうなあ」「ここでは勝利を確信したな」という具合に感情移入するのである。

音楽の演奏をするときも感情移入する。演奏者が、どういう情緒を感じながらこのメロディーラインを演奏しているか、聴衆にどのような感銘を与えたいと思って音を出しているかに、演奏を追いながら思いを至らせてみる。

ときに、部分的に、ふと、相手の心情が見えなくなるときも訪れるけれど、それはそれで気にしないで、相手の心に耳を傾けてみるのである。

すでに、仮説として述べたように、高度に統合されたコードシステムは、日常の情動より抽象度の高い情感をインデックスとして整理される。本当にアクティブな記憶事項となるのは、情感のインデックスが認知のなかでうまく形成されたものだけなのである。

したがって、感情移入を意識的に強くするようにしていると、そこで作り上げられた感情移入が情感インデックスとなり、検索しやすい状態にコードシステムが整えられるのである。

よい作品を見る

ここまでのトレーニングで、いいものと悪いものの区別がわかるようになっている。そうすると、ある時期、いいものだけを見る、いいものだけに接するということをするのが有効である。

作品や演奏やプレーの善し悪しがわかるようにはなっているものの、理屈でわかっている段階から、直観でわかるような段階に飛躍をはかることが必要なのである。そのためには、しばらくは悪いものをなるべく見ないようにして、いいものを見る訓練をする。そういう時期を経ると、悪いものを悪いとわかるその判断が、分析的でなく、直観的になる。そのことが大切なのである。

骨董の鑑定は、直観的に目を鍛えることと、さまざまな裏付けをみつけるための知識とが要求される。それでも、究極は直観だということである。いま、骨董界の重鎮となっておられるある方は、若い時期、上野の国立博物館に通いつめたそうである。毎日同じものを見に行くのである。そうすると、ある時期をすぎると、ある特定の茶入れなどが、大きく見えるようになり、脳裏に残るようになる。そういう経験をくり返し積むと、贋物を見たときに、理屈抜きに「おかしい」と見抜けるようになるのだそうである。

さまざまな技能についてコードが形成され、その後でコードシステムが形成されるわけであるが、コードシステムは本来、よい作品、よいプレーの記述のために形成されるべきものである。コードシステムが形成される時期に、よくない作品、よくないプレーに接しすぎると、コードシステムがそのようなものの影響を受けることになってしまう。それが問題なのである。

よい作品やプレーによってコードシステムが形成されていると、よくないものを見たときに、「記述しにくい」という感じが起こるようになる。悪いものが直観でわかるということは、悪いものを見たときに「記述に用いるべきコードがない」という空虚感が起こるということである。その状態を作ることが、後々の上達にとって有意義なのである。

たとえば写真の上達を目指しているとする。写真はしばしば、きわめて短い時間に構図を決めてシャッターを切らなければならない。そのようなときに、よいもののみに基づいてコードやコードシステムができていると、悪い構図を考える度合いがはじめから低いために、よい構図を短時間で決定することができるのである。

同様のことは、他の技能でもあてはまる。

将棋や碁では「無筋」という言葉がある。理屈抜きに考慮に値せぬ着手を指す言葉である。無筋が無筋だとわかるのは、よい手を見る経験の蓄積によるのである。

5 達人の技に学ぶ

達人のスキーマにふれる

達人の技に直接触れる機会を摑んでみる。

楽器演奏なら、単品のワンレッスンを受けてみる。自分でふだん気づいていないちょっとしたことの指摘を受け、それがきっかけとなって自分の成長がうんと促進されることがある。とくに、自分で気づいていない長所の指摘を受けたときは、恩恵が大きい。また、そのときどきの自分の技術的な課題を克服する手段について示唆が得られることもある。

将棋や碁なら、駒落ちや置き碁で、高段者の対局指導を受けてみる。そうすると、技や発想の大きさ高さがまったく異質であることがわかる。そのうえ、局後に具体的に誤った着手や発想を教えてもらえる。自分の発想が異次元に飛躍するきっかけになることが多い。

写真や絵画、作陶で自分の好きな人の個展などがあるときは、訪れてみるとよい。そこで、その人の雰囲気に接したり、あるいは、一言二言言葉を交わす機会があれば、そこから大きなヒントが摑めることがある。

達人の技に接する恩恵は、基本的に、達人の持っている思考のスキーマを垣間見る機会が得られるところにある。達人のスキーマの全貌にふれることはもちろんできないが、自分のスキーマが一段階上にレベルアップする時期に差し掛かっているときには、大きな示唆が得られることがあるのだ。

達人と直接会う、話す

達人の作品やプレーを見るだけでなく、達人と直接言葉を交わしたり、直接観察したりする機会があれば、なるべく達人にふれる努力をするべきである。

技能とは関係ない場での達人の立ち居振る舞いからも学ぶべきものがみつかることがある。逆にそれがみつからず「ギターが上手な以外はふつうの人だな」と思うことができれ

ば、それもそれでひとつの発見である

将棋の強い人は、アマチュアでも、競技会の前日から、水などを飲む量を控えるようにする人が多い。競技会では、対局者の考慮時間が同じになるように対局時計を使っていることが多く、対局中に手洗いに行きたくなると、競技に不利になるからである。このようなことは、実際に上級者、超上級者を見なければわからない苦心である。

水泳選手のなかには、ふだんの生活でも椅子に座るよりはベッドや床に寝そべることにしている人がときどきいる。横になっているという姿勢を常態にして、座るための筋肉や立つための筋肉は水泳に役立たないから、つかないようにしているのである。

これほど具体的なことでなくとも、達人を見ていると、参考になることがある。

また、達人と話す機会があると、それで一気に目が開けることがある。

あるとき、東海寺の橋浦宗徹和尚と話していたとき、「座禅なんてこんなもの面白くて面白くてしょうがないでしょう！」と言われたことがある。そのおっしゃりようがいかにも面白いというおっしゃりようで、印象に残っていたのだが、何年かして、その飛び上がるような面白さを座禅に感じることができた。そのときは、あのウキウキした和尚さんの感じが記憶のなかにあるから、それを感じることができたのだなと心から思うことができた。いまになってみれば、よい思い出である。

習得しようとしている技能にすぐれた人についてのテレビ番組などを見るのもこのような意味で有用である。そのような人達の日常を取材する番組なら、そのなかから、自分の上達のために「盗める」ヒントがみつかるはずである。

対談番組のようなものでも、上達のためのヒントがいくつか出てくるはずだ。

いつだったか忘れたが、正月の将棋番組に、木村義雄十四世名人、大山康晴十五世名人、十六世名人の襲名が決まっている中原誠名人の三人が鼎談《ていだん》していたことがある。そのなかで司会者から「健康の秘訣はなんですか」と尋ねられた三人の答えが一致していた。

「将棋に勝つこと」だったのである。

それには、その番組を見た他のプロ棋士の多くも唸ったらしいとあとで聞いたが、この三人の勝負に対する執着の強さがよく出ていて、考えさせられる。

テレビの番組などを見ても、役に立つことがひとつもないというようだと、じつは自分の上達のための認知的成熟がまだ不足しているのではないかと自省してみる必要があるかも知れない。

この種のことから得られるものは、達人の場合、その技芸と直接関係しないと思われるようなことまでも、技芸のスキーマの規定を受けていることに気づくということである。そのなかにはたんに意外に思うだけのこともあるわけだが、意外なら意外だという印象だけでも大切にしておくと、後に、それが意外でないということが自分の実感のなかからわかってきたりすることがある。そのとき、自分のスキーマにまた変化があったことが実感できるわけである。

達人のエラーに学ぶ

すでにある程度感じていただけたように、認知に用いられるコードとコードシステムにはかなり大きな個人差がある。その個人差は、むしろエラーに大きく出ることが多い。

エラーそのものは、私たちの模倣の対象にはならないが、すぐれた人のエラーをじっとみつめることによって、その人の認知の特徴を深く推測できることがある。

たとえば、「守りの大山」と恐れられた将棋の故大山康晴十五世名人は、自分の攻めの速度を速く見誤るミスが多いと言われる。

このことは、じつは、大山名人の将棋が攻撃型の将棋を基礎的な枠組みにして発達していることを物語っているのかも知れない。この点、やはり「守り」の棋風で知られた故森安秀光九段とは、かなり異質ではないかとも考えられるのである。

6 広域コードと知識を拡大する

他者の個性を記述してみる

ここまで、自分の得意を伸ばすことにある程度専念してきた。そして、自分の個性を中心にして、個性というものを捉えてきたわけである。そういうときは、自分と近い個性、自分と対極にある個性については、記述も思考もしやすくなっている。コードとコードシステムが自分の個性を核として発達しているからである。

ところが、そのために、記述や思考のためのコードやコードシステムの発達に偏りが生じている。

そこで、自分とそう類似もせず対極でもない人の個性について、その個性の生い立ちや特徴について考え、なるべく、言葉をあてはめたりして具体的に記述をしてみる努力をしてみよう。そうすることによって、まず、自分の個性を核として発達してきていたコードとコードシステムに、新しいコード、新しいコードシステムを追加することができる。また、他者の個性の記述をしようというときに、すでに学習した、概論的な知識、概論的な認知の枠組みを生きた形で活用することができる。

将棋や碁で他者の戦いぶりを見ると、どういう発想で考えるとそんな手を着想するのだろうかと思うことがある。そういうときに、その局面をその人と同じ立場になって考えてみる。そうして考えているうちに「ああそうか！」とその人の感覚がわかることがある。そういうことを繰り返していると、こんどは、それとは異なる仮想場面や、あるいは自分がある局面を迎えているときに、「あの人ならこうするだろうな」と想像できるようになる。そうするとその分だけ自分のコードやコードシステムが広がったことになるのである。

絵画や作陶でも、「自分はそんなふうに作らないけれど、それなりに主張はわかる」という作品に出会うことが多くなる。それは、一方で自分の個性が自分で把握できていることを示している。そんなとき、「自分ならそんなふうに作らないけれど」というところをもう一歩踏み込んで、その作者に感情移入してみる。そうすると、「ああこの人は、自分のこういう技術に自信を持っているから、それが活きる形を考えたのだな」とか、「この人は、ここの曲がり具合をどうしても表現したかったのだ」などと、自分なりにわかる感じがしてくることがある。そのとき、自分の美観にかかわるコードとコードシステムが、自分の個性の束縛を逃れて豊潤化しているのである。

この種の推論は、あくまで推論であるから、その当の相手に尋ねてみると、はずれていることもあるかも知れない。はずれていてもそれはそれでよいのである。あたりはずれが問題なのではなく、自分の個性と異次元の個性について考えてみよう、記述してみよう、感情移入的にわかろうとしてみよう、ということが大切なのである。そのことによって、コードの豊潤化を起こすことが目的なのであるから。

広域的知識を獲得する

この段階まで来れば、積極的に広域的知識を獲得する努力をする。文化教室などで概論の授業をしてほしいと万が一言われたら、できるようになるつもりで、一通り知っていなければならない知識を仕入れるのである。概論的な知識でも、自分にとって役に立たないものもある。そういう知識も避けないで、獲得しようとするのが正しいのである。

茶道では、貴人点前という点前がどの流派でもある。貴人点前とは、皇族など身分の高い方にお茶を差し上げる作法だが、通常の私たちに役に立つことはまずなさそうな点前である。けれども、それを知ることによって、本当に畏まった所作がどういうものかがわかるし、それ以外にも、荘《かざ》りものと呼ばれる点前に応用の利くことがたくさん含まれていて思いがけず役に立つことが含まれている。また、通常に習う点前の位置づけについて正確な理解が得られる。

作陶を学ぶ場合なら、自分は志野焼を中心とした焼き物しか作らないとしても、焼き物の分類にどのようなものがあり、それぞれ、高麗茶碗、楽茶碗、天目茶碗などの特徴と制作技術が一般的にどのような技法によって支えられているかを理解する。還元窯と酸化窯が同じ釉薬を異なる色に仕上げ、登り窯や丸窯などの窯の様式が、どのような焼き味や質感を生むかを理解する。

そのうえで、自分の手法が全体のなかでどのように位置づけられるかがわかるのである。広域的知識を獲得すると、自分が現在得意としている技法が、他の技法とどのような構造を持っているかを理解することができる。その認識によって、自分の得意技法への洞察が得られることもまた事実である。

また、この段階くらいまで来ると、その技能は自分自身の自己アイデンティティにとっても重要度の高い価値観になっている。その状態までなっていて、知識が不十分だと、自分自身の誇りにまで影響してくるようになる。逆に広域的知識をきちんと持つことによって、適正な自我関与の姿が磨かれるのである。

自我関与が、記憶の形成や記憶の検索に大きな影響を持つことは再三述べているとおりである。

類似の他のスクールや技能について関心を持つ

ピアノを習っているとすると、少しフルートをさわってみるとか、クラシックギターを習得しようとしているなら、エレキギターもさわってみるというようなことをしてみる。

英語の習得をしようとしているなら、少しフランス語もかじってみる。フランス語を深くやってみると、イギリスの小説家などには、フランス語的な語順なり、思考の組み立てをする人と、そうでもない人がいるということが、おぼろげながらわかってくる。日本語の作家でも、漢文の素養の強い人とそうでない人の差が少し感じられるのと同じように、イギリスの伝統的教育のなかには、フランス語の素養というものがエリート教育の根幹をなしていた時代のあることが感じられるのである。

謡や茶道を習得しているなら、少し他の流派の技能に接してみる。

このようなことをしてみることによって、習得対象としている技能への洞察と、柔軟な認知が得られる。

たとえば、楽器をかえると、個々の音や和音についてイメージが変わることがある。また、音そのものについてのイメージが変わるということもある。

フルートを吹いていて、リコーダ（木製の縦笛。バロックフルーテとも言われる）をさわってみると、リコーダでは音程がきわめて不安定であること、演奏可能な音階の範囲が狭いことがわかる。リコーダは、演奏しているうちに、内部の空気の温度や湿度の変化が起こりそれに伴って音程が変化する。また、フォルテやピアノの表現をしようと思うと、息の強さによっても音程が不安定となる。指も穴に確実にあてなければならず、音をひとつひとつ慎重に出していかなければならない。フルートと比べると、音ひとつひとつのありがたさが違う。難しい音がきちんと鳴ってくれたときは、感謝する思いである。そういう認識ができるだけでも、フルートの音に対する反応が異なってくる場合がある。

クラシックギターの特徴のひとつは、ロングノートが続かないことである。他の楽器を習得した後にクラシックギターを弾くと、その点大きな不自由を感じる。それでしばらく考えてみると、ギターではアルペジオがロングノートの代わりを果たす面がわかるようになることがある。そうすると、他のロングノートのある楽器でも、ロングノートの表現の一種としてアルペジオを使用することがあり得ることに気づく。そのことに気づくと、演奏の解釈に幅が出てきたりすることがある。

ひとつの流派の茶道を学ぶ過程で、他の流派や小笠原流の作法を見てみるのは有用である。流派が異なると、足の運び方、炭の置き方、水指しの蓋を開くタイミングなどさまざまな差違がある。けれどもそのような差違を知り、さらにその差違の奥にある共通性をみつめることによって、茶道全体の共通性に目覚める面がある。また、流派の成立した歴史的経緯が点前の差違にうかがわれることもわかる。茶道はもともと人を迎えてもてなす心を養うものであるが、このような教養が茶道のより深い解釈力につながることも多いのである。

歴史的経緯を知る

自分の携わっている技能の歴史的背景を知ろうとすることも心を深くし、間接的に上達に役立つことが多い。

バイオリンが考案された頃は、管楽器を除いて、ロングノートを維持できる楽器がまったくなかったことに気づく。管楽器とそれ以外の楽器は倍音構造がまったく異なる。弦楽器の倍音構造でロングノートの可能な楽器として、弓で弾くという演奏法が考えられたことが想像できる。バイオリンの歴史を見ると、音程を平均律で奏でるために、ギターのようにフレットをもったバイオリンが共存していた時期がある。そのフレットが廃れていった経緯に思いをいたすことによって、自分がいまバイオリンを弾くという行為の自分なりの意味づけができることがある。

茶道の成立にいちばん影響が強かったのは戦国時代である。茶室で誰かの命を狙ったり、抹茶に毒を盛ろうとしたりした逸話が多く残されている。茶道の清めの所作は、いまは「心を清める所作」として教えられているが、実際には、安全を主客ともに確認する所作であった可能性が高い。そう考えれば、紐の結び方が重要な習い事になっていることなど、いろいろ理解できることがある。

狭い茶室が好まれるようになったのも、狭い茶室ではそもそも刀が壁や天井につかえて振り回せないからであったかも知れない。狭い躙《にじ》り口から身をかがめて茶室に入るのも、あのような入り口ならば外から敵が襲って来にくいことが計算されていたのかも知れない。躙り口に入るときに扇子を先に置くのは、にじった瞬間に潜り戸を閉めて首を固定されて襲われることを、扇子を戸口に置くことによって防ぐ意味がもともとはあったのかも知れない。古来、茶事はいつも危険と隣り合わせであった。吉良上野介が確かに下屋敷にいるとわかったのも、翌日に茶事の予定があり、茶頭の山田宗偏が滞在していることがわかったからである。そのように考えてみれば、茶道の所作のひとつひとつの心配りが、じつは、リスク管理にかなっていることが実感できるのである。

このような知識は、すぐに直接上達に役立つわけではない。けれども、このような知識が不十分なまま、自己アイデンティティのなかに、技能がウエイトを占めるようになると、その技能への不健全な依存が生じる可能性がある。

辞書を買う

広域的知識を整備する一環として、手軽なものでもよいから、辞典や事典を手元に置くことをお奨めする。辞典を隅から隅まで読んだりする人はなかなかいないだろうが、なにかわからないことがあったときに、取りあえず調べる手段が手元にあるということは大切なことである。わからないことを、うやむやにしておくのと、一応調べてみるというのとでは、ある程度長い時間が経つうちには、知識においても、価値観においても大きな差が生じてくる。

すぐに調べることができなくても、辞書を手元に置いて、調べることが可能な状態にしておくということが、少なくとも価値観的に大切なことである。

ワーキングメモリから長期記憶の形成には、自我関与の深さが関わっていることはすでに述べた。長期記憶の検索のための適切なインデックスの形成にも、おそらく、日常的な自我関与がかかわっているはずである。そのような日常的な自我関与の形成の手段として、まず、辞典を手元に置くということは有効だと考えている。極言すれば、わからない言葉を引いたりして実際に知識を得るメリットにまさるとも劣らないメリットが、辞典を買って手元に置くという行為にはあるものと考えているのである。

第五章
スランプの構造と対策

スランプの種類

上達の途中で誰でもが何度か襲われるのがスランプである。上達の法則を考える場合、スランプとスランプ対処法についての考慮を避けてとおるわけにはいかない。

スランプとは、一般に、努力を投入しているのに、技能が上達しない、あるいは、努力すればするほど下手になっていると思える状態を言う。また、やる気がなえて、一向に練習する気持ちになれない状態まで含めてスランプという場合もある。後者にスランプという用語をあてはめるのが正しいかどうかわからないが、前者の狭義のスランプがこうじてやる気を喪失することもあるから、ここでは、心理的現象として、一応同列に扱っておく。

さて、スランプをそのように理解したうえで、スランプの基本的な原因をあげておこう。つぎの四つである。

(1) 心理的・生理的飽和
(2) プラトー
(3) スキーマと技能のギャップ
(4) 評価スキーマと技能のギャップ

実際のスランプが単独の原因で起こっていることはまずない。この四つのうちいくつかが微妙なウエイトで混じっているのがふつうである。それを念頭においたうえで、それぞれの基本的原因の詳細と対処の方針とをあげておきたい。

1　心理的・生理的飽和の場合

「飽きた」「疲れた」という心理的状態

かんたんに言えば「飽きた」「疲れた」という状態である。技能により、練習が肉体的疲労を伴う程度が異なるが、心理的飽和の陰に生理的飽和が隠れていることが存外多い。

楽器の演奏は、ある頻度や持続時間を超えると、肉体的疲労を引き起こすことが多い。弦楽器の場合の左腕の疲労、鍵盤楽器の場合の、手指や肘の疲労、管楽器の場合の腹筋や横隔膜の疲労などが気づかずに放置されたままになっているために、本来は生理的飽和にすぎないのに、心理的飽和の認知を引き起こしていることがある。

テニスでも、右手の疲労ならすぐ気がつくが、球を追い続けるための目の疲労には気づきにくいことがある。目の疲労から来る頭痛がじつはスランプの原因で、練習後に目を休めたり、頭痛薬を飲むことでなんということもなく解決することも多い。

したがって、原因のはっきりしない心理的飽和を感じるときは、そういうものを感じた時期についてメモを二週間ほどつけてみると、疲労など生理的な原因が伏在していることに気づくことが多い。

生理的な原因に基づくスランプなら生理的に対処するだけでスランプから抜け出せることが存外多い。

肉体疲労や生理的飽和が原因ならば、単純にまず休息をとるのがよい。

そういう色彩が薄く、心理的飽和が可能性として強いならば、心理的飽和の回復を考えることになる。この場合も、休息を考えるのが基本だが、休息の種類が若干異なる。能動的休息（アクティブレスト）というが、なにもしないよりも、むしろ、なにか別のことに関心を向けることによって回復が得られることが多い。しばしば、まったく種類の異なることをすることによって、心理的飽和から回復するものである。

感覚欲求テスト

心理的飽和になりやすい人については、人格的な個人差のあることが知られている。それを測定する人格テストもいくつか提唱されている。代表的なのは、ズッカーマンが提唱する「感覚欲求テスト」である。以下に、ズッカーマンのテストを参照に、感覚欲求の強い人の例を数項目あげておく。

感覚欲求の高い人の特徴

・友人の数が多い
・ホームビデオや家族の写真アルバムなどを見るのが退屈
・ジェットコースターに乗ったりするのが好き
・食べたことのない食べ物を食べるのが好き
・異性の友人が多い
・初対面の人と会うパーティーなどにすすんで参加する

ズッカーマンの研究によれば、感覚欲求の個人差は安定性が高く、生涯を通じてそう大きく変わることがない。感覚欲求の強い人が心理的飽和になりやすい人ということになるが、一般的に男性のほうが女性より感覚欲求が高く、教育水準の高い人ほど感覚欲求が強い。また、子どもの時期から壮年期にかけては、感覚欲求がゆるやかに上昇していくが、壮年期をすぎると、加齢にしたがってゆるやかに下降してくることが推測されている。感覚欲求は、人格個人差としては、気質に近く、生まれながらある程度の個人差が存在していること、遺伝子に規定されていることが推測されている。

したがって、この項目を見て、自分が心理的飽和になりやすいかどうかについて見当をつけておくと、よいかも知れない。

いずれにせよ、心理的飽和があるときは、なにか別のことに少し注意を向けてみることが大切である。長期にわたる気分転換を必要とするときは、基礎的な知識や技能の反復なり、精密練習の一部なりをやって、スキーマを維持するのがよい。そうしていると、心理的飽和から回復に向かうとき、反復練習のなかに、それまで自分が気づかなかった意味のあることに気づき、同じ刺激への新しいコードを発見し、急に新鮮さを感じ始めるものである。

それをきっかけとして、心理的飽和によるスランプから立ち直れることが多い。

2　プラトーによるスランプ

停滞期・プラトーの状態

すでに述べたように、技能の上昇は不連続な曲線をとる。俗に「ノコギリ型」と言われるが、停滞期と上昇期が交互に訪れる形をとるのである。その停滞期のことを学習心理学では「プラトー」と呼んでいる。プラトーの原意は「高原」である。技能の学習曲線を山に喩えれば、停滞期が高い山の山腹にある台地のように見えることからこのような名称で呼ぶこととなったのであろう。

このプラトーの状態にあるときに、スランプだと感じることが多い。

プラトーでは、技能は上昇していないだけで、下降してはいないことが多いのだが、本人は、下降しているような感じを持つことが多いのである。そう感じるいちばん大きい原因は、努力に見合った上昇が得られないことである。

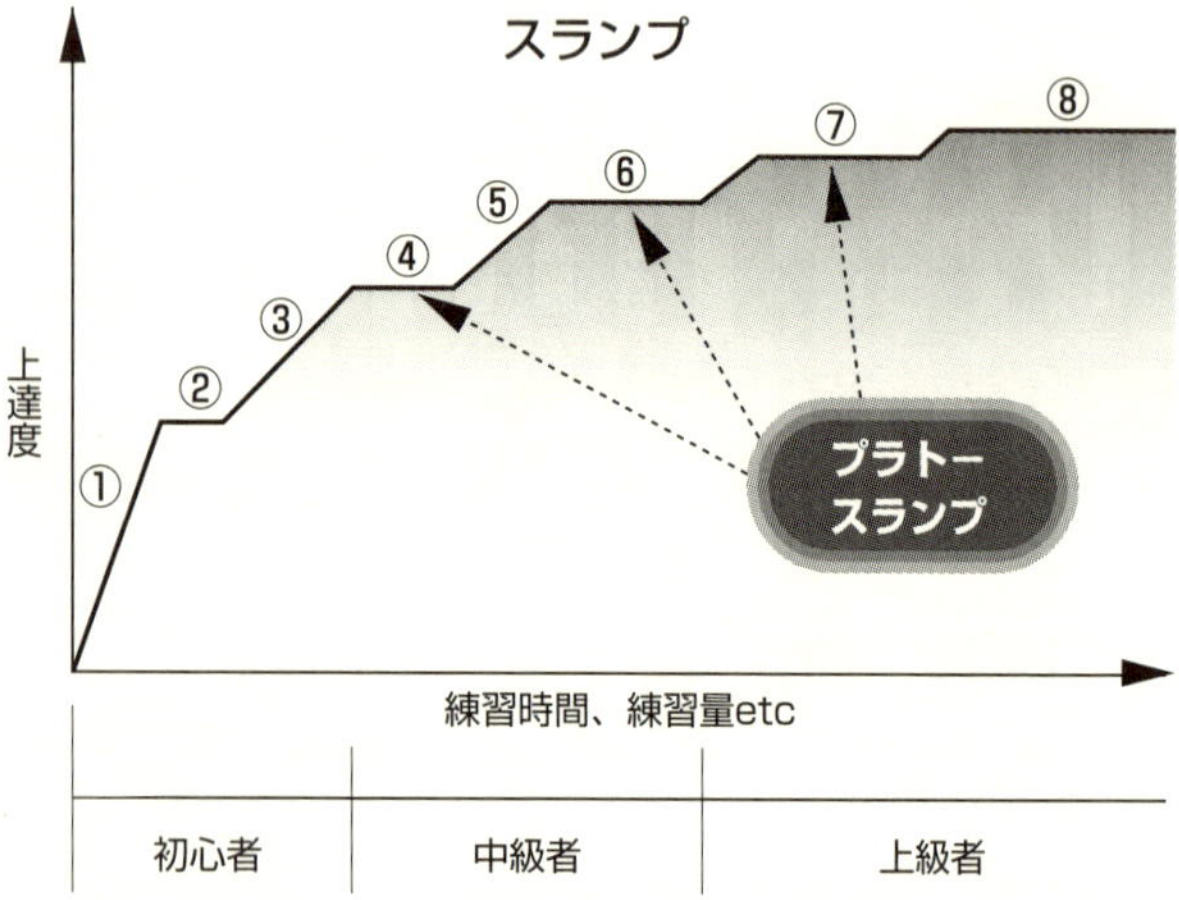
スランプ
上達度
①
②
③
④
⑤
⑥
⑦
⑧
プラトー
スランプ
練習時間、練習量etc
初心者
中級者
上級者

とくに、本人の向上心が強ければ強いほど、「後退はしていない」ということに満足できないから、焦りが強くなる。その焦りが大きすぎると、自分の技能を実際より過小に評価して、やる気を失ったり、才能がないと思ってやめてしまったりすることにもなりかねない。

そうならないためには、プラトーが心理学的にどういう時期で、どうすればそこから脱出できる可能性があるのかを知っておくことが必要だと考えられる。

プラトーは、技能が一定のレベルまでは達して、つぎの飛躍をするための準備をしている時期である。

準備の内容は、つぎのとおりである。

（1）知識の整理
（2）技能の安定化
（3）技能とコードの連合の密接化
（4）チャンク容量の増大
（5）コードシステムの高度化

この五つについて、それぞれのスランプの仕組みと対応策について順に説明する。

知識の整理

知識の整理とは、英文タイプでいうならスペルがしっかり頭に入っているということである。「embarrassing（困った、厄介な）」という単語をタイプしようというときに、rがいくつあったかとか、最後のほうのsはいくつかなどと迷っていてはタイプできない。ブラインドタッチのためには、スペルがきちんと頭に入っていなければならない。日本語をローマ字で打つ場合なら、「たった」の「っ」は、どうキーを打てばよいかなどということが、わかっていなければならないし、文節の区切りがだいたいわかっていなければならない。このようなものが知識である。

自動車の運転についていえば、マニュアル車でシフトアップしながら加速していくときの理屈がわかっているかどうかとか、発進時の安全確認の手順がきちんと頭に入っているかなど、運転についての多くの知識が整理されているかどうかに該当する。

このような知識についてあいまいさが残っていると、それが上達の阻害要因となる。

したがって、プラトーにいるときは、まず知識の確実さを増すことがなによりも大切であるし、いちばんかんたんにできることである。

技能の安定化

技能の安定化とは、それぞれの技能が、いつも安定して同じようにできるようになることである。

ブラインドタッチなら、指がいつも同じキーをきちんと打てるかどうかなどが技能の安定性である。手動タイプライターがタイプの主流だった頃なら、小指で打つ文字がきちんと打てるかどうかなどの要素が、技能の安定化の好例となることがらである。「p」や「a」などが打鍵が弱いために薄くしか写らない時期がずいぶん続いたものである。

打鍵の位置や強さが技能として安定しないうちは、長い単語や文をブラインドで打てるようにならない。

自動車の運転なら、ふつうのカーブがいつも同じようにきちんと回れるかどうか、エンストをしないか、加速のリズムがいつも同じようにできるかどうかなど、比較的単純な運転技術がきちんとできるかどうかに該当する。

プラトーのあいだは、このような技能の安定性がじっくり進む時期である。

したがって、この種のプラトーからの飛躍をはかるときは、このような基礎的技能をそれぞれのレベルで安定させるということが必要になる。難度の高くない基礎的技能の繰り返しが有効になる局面である。

技能とコードの連合の密接化

タイプのブラインドタッチは、それぞれの所作がもともとコード化しやすいから、コードの連合の密接度はあまり目立った形の変化としては表れない。それでも、長い熟語をほぼ自動化して打てるようになるということは、その特定の熟語に対応する指の動きという技能に対してコードの連合ができ、それが密接化したことを意味する。

自動車の運転では、たとえば「坂道発進」という所作がひとつの独立したコードで技能処理されているかどうかがこの密接化に対応している。坂道発進とは、サイドブレーキを引いて、ローで半クラッチにして、クルマが動き出したらブレーキを解除するという、一連の動作である。坂道発進が上手にできない間は、「サイドブレーキ」「ローギア」「半クラッチ」「クルマが動き出したかどうかの検知」「ブレーキを解除」と複数のコードで認知処理してしまっていて「坂道発進」という認知単位が成立していない。この一連の動作がなめらかにできるようになってはじめて、ひとつの単位として認知され、「坂道発進」というコードと連合されることになる。

運転では、他にも、カーブを曲がりながらシフトダウンするとか、いろいろな複合技能が必要だが、それらがスムーズにできるようになると、ひとつひとつに言語的なラベルをつけるかどうかは別として、「ひとつの動作群」として認識され、ひとつの記憶の単位となり、記憶システムのなかでコードが与えられる。

一連の複数の技能が、熟達に伴って、ひとつの技能と認知され、それに（複数のコードでなく）ひとつのコードが与えられるということがたくさんの技能について成立することにより、さらに大きな技能を習得する準備ができる。そこで、つぎの飛躍が可能になるのである。

チャンク容量の増大

プラトーからつぎの飛躍を得るためには、作業しているときの認知の容量に余裕が必要である。その余裕はワーキングメモリの余裕である。

ところが、既述したように、ワーキングメモリの容量は同一人では一定であって、おおむね七チャンクから九チャンクが限界である。長期記憶から取り出した記憶事象と、当面従事している作業に割く容量を合わせて、七チャンク前後で処理をする必要があるわけである。したがって、一チャンクに入れられる記憶事象のサイズが大きくなれば、それだけ、作業に割く容量を大きくでき、その場の判断などがしやすくなる。それが飛躍の条件を整えることになる。

一チャンクに入る事象のサイズを大きくする方法は、すでに述べた。とくにスランプ脱出が目的のときは、習熟度の向上により技能の統合度を高くするのが有効である。「サイドブレーキを引いて」「ギアをローに入れて」「半クラッチにして」「クルマが動き出したらブレーキを解除する」という動作は、このままなら四チャンクくらいになるが、技能の自動化が進んで「坂道発進」というひとつのコードにすれば、一チャンクで処理ができるということになる。

コードシステムの高度化

もうひとつは、コードシステムを高度にすることで、コードはそのままでも、コード間の「比較」「組み合わせ」「対照」「参照」「移調」などが楽に行えるようになると、結果的に一チャンクに入る事象のサイズが大きくなることになる。

たとえば、将棋や碁のコードシステムのひとつに、「手割り計算」というものがある。局面Aと局面Bの優劣を決めなければならないのに、このふたつの局面の比較がかなり難しいとする。ふたつの局面の見かけの類似度があまり高くなく、直接比べるためには、四〇枚の駒の損得、位置を丁寧に見比べる必要があるとするならば、七チャンクでは難しい判断だということになる。けれども、たとえば、ある仮想局面Xを想定して、局面Xからある手順aを経ると局面Aになり、同じ局面Xから別の手順bを経ると局面Bになることが想定できるとする。そうすると、局面Aと局面Bを比べるかわりに、手順aと手順bを比べて、手順aは互角の進展なのに手順bには、あきらかに後手に悪い手があるとするならば、局面Bのほうが局面Aよりも後手不利の局面であると考えることができる。このような判断方式をとると、移調や参照の組み合わせで、七チャンクで処理できない課題を七チャンクで処理可能な課題に置き換えることができるのである。駒の価値を比べるかわりに手の価値を比べるので、「手割り計算」と呼ぶのである。

これがコードシステムの高度化によるチャンクの増大化の例である。コードシステムとスキーマの高度化の方法はすでに述べた。

記憶を使用して状況に対応しているときの概念モデル

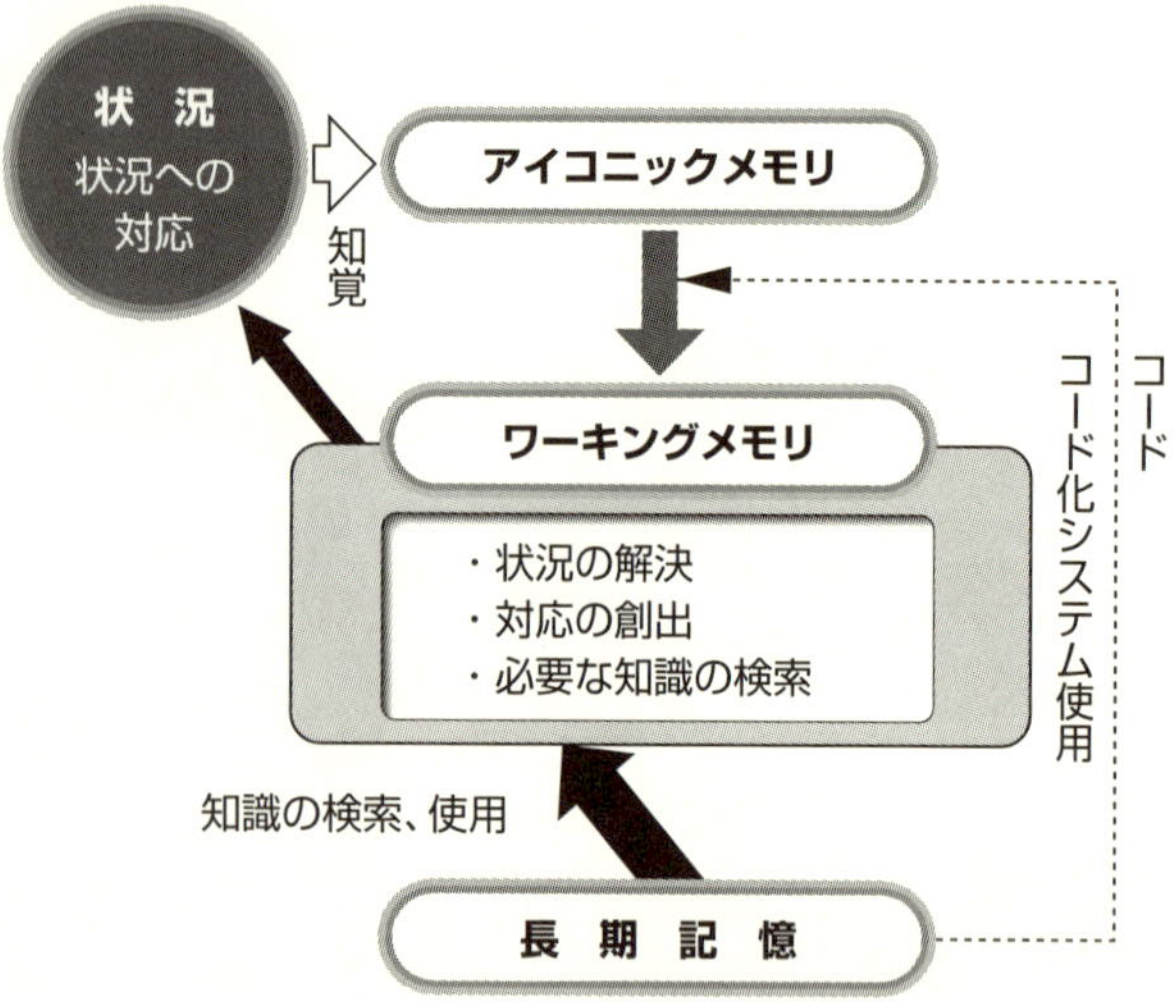

後退しなければ前進している

すでに丁寧に見たように、プラトーは、停滞ではあっても降下ではない。向上心が残っている場合に、努力が報いられないために、スランプのように感じられるのである。プラトーによるスランプにいるときに、いちばん大切なことは、降下しているわけではないことを忘れないことである。

こういうときに役に立つおまじないがある。「後退していなければ前進している」という呪文である。プラトーによるスランプは何年間にも達することがある。その間、焦り続けていると、むしろ、やる気を失ったり、スキーマの不必要な変更などをして、技量の後退を招いてしまうこともある。したがって、「少なくとも維持する程度の努力はしているのに、見かけ上、能力が前進しない」という焦りに囚われそうになったときは、「後退していなければ前進している！」とみずからに言い聞かせることが必要なのである。

技量がある程度伸びた後のプラトーなら、それが、自分の最終的な到達点になる可能性もあることを考えなければならない。いま以上の技量を目指そうとすることが妥当かどうか、あるいは、可能かどうか、そしてそれが、賢明かどうか総合的に判断しなければならないこともある。

場合によっては、能力的な限界を認めなければならないこともある。そのときは、それで、そのような自己を受容できるように心を整えたほうがよい。このあたりについては、後述することになる。

いずれにせよ、高い状態でそれなりの安定状態にいることを自覚し、かつ、いま以上の技量を目指すことが望ましいとはっきり判断した時点で、上記のような考え方で飛躍を目指すことになる。

3 スキーマと技能のギャップ

スキーマと個別技能のギャップ

スランプと自覚されるものの多くが、スキーマと個別技能のギャップによって生じている。そのギャップは、基本的にスキーマが個別技能よりも大きく先行しすぎている場合に起こる。

将棋の例をあげよう。スキーマが発達してくると、ある局面を見たときに「敵の王は詰んでいる（王手、王手の連続で詰ませられる）」と直観でわかることがある。それはスキーマの働きである。ところが、いざその局面を目の前にして、具体的に、ではどのような手順で詰めるのかという、詰め手順の発見になると、みつからない。たとえば、その詰め手順が長いと、先の局面がはっきりイメージできなくなったりすることもあって、みつからなくなるのである。この場合、先の局面がはっきりイメージできないというところが個々の技能の不足ということになるのである。

こういう状態のとき、成績が落ちる。中盤で無数の変化のなかから着手を取捨選択しているときには、「局面Cになれば、相手の王を詰ませることができる」とスキーマを用いてとりあえず判断している。局面Cになったときに自分が負けることに相手が気づかず、本当に局面Cになったときに、詰ませる手順がみつけられないということになると、せっかく勝つはずの局面に導いているのに、そこで誤った着手をして負けるという事態を迎えることになるからである。

スキーの回転競技などでも、斜面を見たときに、こういうふうに滑ろうというコースのイメージが頭に浮かぶ。それは、スキーマによって生まれるイメージである。ところがいざそのコースどおりに滑ろうとすると、筋力や俊敏さが不足して、そのコースどおりに曲がりきれないということが起こる。極端な場合は転倒して、アキレス腱を切ってしまったりする。

このように、スキーマが直観に伝えてくることを実行するのに十分な技能がないと、すぐれたスキーマを持っていることがかえってマイナスになることすらある。それが、スキーマと技能のギャップによるスランプである。

このスランプはかなり辛い。

スキーマの全部を自覚できる人間はいない。スキーマについて、人間は昨日までのスキーマと今日のスキーマを明瞭に区別できるわけではないから、このスランプにいると、自分のスキーマをトータルに疑い始めることがある。そのため、技能がふらつくだけでなく、古いスキーマまで崩れていったりすることがある。

同時に自分の技能に対する不信も頭をもたげてくる。その原因のひとつは、新しいスキーマに（無自覚的に）合わせて技能に無理な負担をかけるから、フォームや指の形など、技能そのものが壊れることがあるためだ。

このスランプを抱えているとき、そして、このスランプが長く続くとき、いったん進歩を諦めて安定をとるか、あくまで進歩を志すかの選択を迫られることになる。

スキーマに技能を合わせる

あくまで進歩を目指すのなら、スキーマに合わせて個々の技能を高める必要がある。部分的な筋力トレーニングや、詰め将棋だけの練習、楽器演奏の指のフォームの変更調整、テニスやゴルフでグリップを変えるなど、いろいろな調整をすることになる。

ひとつかふたつの技能を強化するだけで、スキーマに合うようになる場合には楽である。実際、そういうことも多い。けれども、そうではなく、数多くの個別技能をどれも少しだけ微調整しなければならないこともあり、そうなるとなかなか大変である。

また、連続した技能の練習を多くして、その確実性を増すとともに、連続技能にコードがひとつずつ形成されるようにしていくことも、このスランプの脱出に役立つことが多い。その場合、既述した精密練習や暗唱的な練習を復習するのが役に立つこともある。

スキーマに技能を合わせようとしている間、スキーマのほうも不安定である。旧スキーマと新しいスキーマのあいだに矛盾を抱えていることがあるからだ。そのためスキーマも古いスキーマに絶えず戻ろうとするので、それを防ぎながら、新しいスキーマを維持する工夫をしなければならない。

ただ、スキーマに合わせて技能を向上させようとするあまり、いまの技能を壊してしまったり、怪我をしたりすることも多いから、そこが悩むところである。

技能にスキーマを合わせる

スキーマと技能のギャップがあまりに大きくて、スキーマに合わせて技能を引き上げることが無理な場合がある。その際、それ以上の進歩を諦め、現在の水準でとりあえず満足することにして、スランプを解消するのが賢明かもしれない。

また、進歩を諦めることはしないものの、発表会や試合が近いという理由で、とりあえず、技能の安定度を増さなければならないとか、進歩への挑戦を少し後回しにして、いったん、スランプ前の状態に戻りたいということがある。

そのような場合は、技能に合わせてスキーマを戻す再調整が必要となる。往々にして自分のなかでのスキーマを二重に区別する必要が生じる。本来の直観的判断はかくかくしかじかだけれど、いま自分が採用すべきスキーマの判断では別のようになる、という具合に。

そういうとき、とりあえず技能に合わせてスキーマを戻すことが必要となる。

そのようなとき、役に立つのが、精密訓練や暗唱的訓練の積み重ねである。もうすでに体で覚えておなじみになったそれらの訓練に立ち戻りながら、従来のスキーマを確認するのである。

スキーマと技能のギャップによるスランプが続いた後では、じつは、技能のほうもその影響を受けて、もとの自分の安定した技能から若干ずれてしまっている。その安定性を取り戻すのには、精密訓練、暗唱的訓練の繰り返しが効果的なのである。

精密訓練反復とスランプ

スランプを脱出して飛躍を目指す場合も、精密訓練の効果があり、進歩をいったん諦めてスランプから撤退しようという場合も、精密訓練の効果があると書いた。では、精密訓練の意味、精密訓練のやり方も、同じでよいのだろうか。

じつは、このどちらの意図で精密訓練の反復に臨むのかによって、そのやり方が異なる。

その差異について一言書き足しておきたい。

飛躍を目指す場合、精密訓練の意味は、すでにマスターしている技能の確実さ、俊敏さを増すとともに、小さな認知的負担でそれができるようにすることである。したがって、やや不確実なものはなるべく確実にできるようにし、ゆっくりできるものは速くできるようにすることが必要となる。また、五つ六つの一連の技能でひとつの一連技能になっている状態ならば、七つ八つの技能で一連として処理できるようにする。すでにできるようになっている技能を、少ない負荷でできるようにするのが、スランプ脱出のときの目標となるのである。

進歩をいったん放棄して、スランプから撤退しようというときは異なる。精密訓練をすることによって、過去のいろいろな手応えの記憶を思い出し、それを手がかりにスキーマを以前のものに戻すのが目的である。それとともに、スキーマに合わせて技能を向上させようとしていた時期のために、技能の細部に微妙なズレが生じている可能性があるから、記憶に深く刻まれている暗唱的訓練を繰り返すことによって、その種のズレを発見し、もとどおりに修正するのがよい。また、進歩をいったん放棄することに伴う心理的な挫折感や焦燥感を緩和して現在のレベルを受容するのにも、精密訓練、暗唱的訓練の繰り返しは役立つものである。

4　評価スキーマと技能のギャップ

自分の鑑賞眼と技能のギャップ

上達の結果、他者の作品や演奏に対する評価眼（鑑賞眼）が肥えてくる。そうすると、自分の技量を見る眼が厳しくなり、それがスランプのもととなることがある。

この場合、他の種類のスランプ、とくに、スキーマと技能のギャップによるスランプを同時に抱えていることもあるが、鑑賞眼が直観的に構成されている場合には、自他のレベル差に対する単純な欲求不満という形で認知されることも多い。

このスランプはなかなか難しいものである。

難しい理由のひとつは、技量が上がるにしたがって、むしろこの種のスランプが心理的には深刻な問題になるからである。

たとえば、いまは野球をしないが、学生の頃、野球部員だったので、ゲームや技術のツボがわかっているという人の場合、プロ野球の試合を見て、素人にはわからないような機微を見抜くこともでき、それを楽しむこともできる。けれども、自分が野球をやらないということがはっきりしていれば、選手の技量を自分と比較するようなこともまずないから、あまり大きなストレスにはならない。

将棋でも、アマ四段くらいになれば、プロの対局を見て、なにが問題で、どこが争点だというようなことはわかるから、それを味わい、プロの底知れぬ強さに酔うことができる。プロの技術から学ぶことはあっても、自分と直接比べるようなことはない。ところが、アマ六段くらいになり全国レベルや県レベルでトップクラスを争うような人になると、プロの力量にも接近しているし、また、自分がなかなか勝てない現実のライバルの強さも正確に認識している。そのような状態で、自分はある点がどうしても克服できないと思ったりすることは、深刻な欲求不満をもたらす。

つまり、この種のスランプは、皮肉なことに、上級者であるほど深刻な形態をとることになる。

鑑賞眼はもとに戻るものではない。また、鑑賞眼の向上とともに向上した、価値観的な部分ももとには戻らない。そのため、このスランプに陥ったときは、なんらかの意味で価値観的に新しい割り切り方を迫られることになる。

もっとも一般的なのは、評価スキーマやコードシステムを二重に自分のなかで区別して、鑑賞や評価のためのスキーマと、自分の技能のためのスキーマを分離することである。ふたつの認知システムをきちんと区別でき、それなりの割り切り方が確立すれば、またコンスタントに努力できる。

つぎに一般的なのは、鑑賞眼のほうは残して、自分自身は技能の向上を放棄することである。

これは、肉体的スポーツなどで、競技年齢などに限界があるような場合によく採用される。また、鑑賞眼のほうを研ぎ澄まして残す必要がある場合、自分の技能のほうは放棄したほうが、鑑賞眼の狂いが生じにくく好都合な場合がある。プロ選手だった人が、プロコーチとして活動することになった場合や、作家、あるいは演奏家だった人が、評論的な立場にまわることになった場合、この方略をとることがある。実践経験の深い人の評論や評価や助言が、現役の選手や作家にいろいろな意味でよい影響を与えることもあるので、このような方略が社会的に有用な場合もある。

スランプと上達の法則

実際のスランプは、一人一人異なっている。けれども、すでにあげた（1）知識の整理、（2）技能の安定化、（3）技能とコードの連合の密接化、（4）チャンク容量の増大、（5）コードシステムの高度化——の組み合わせで起こっている。したがって、以上の解説を参照しながら自分自身のスランプの構造をよく考え、それぞれを上達の法則にしたがって解きほぐしたり、特殊訓練を生み出したりすれば、適切な対処を思いつくはずである。実際には、スランプがつぎの大きな飛躍のきっかけになることも多い。それは、スランプのときに、自分の知識や技能を基礎から見直すことが必要になることが多いからである。

スランプのときに自立的に考えることができるというのも、上級者の資質の大きなもののひとつなのである。

第六章

上級者になる特訓法

1　上達を極める10のステップ

①反復練習をする

得意がいくつかでき、その得意を中核とした鳥瞰的認知が形成され、広域的知識にまで関心がおよぶこの段階になると、得意を形成していた初期の頃のような反復練習がついおろそかになる。この時点で、毎回短い時間でもよいから反復練習の機会を設けることが有用である。

初期の反復練習は、鳥瞰的理解がまだない状態での反復練習だった。言ってみれば、新しい技能として得意を獲得する過程での反復練習だったわけである。鳥瞰的理解が得られ、ある程度コード化やコードシステムが習得された後の反復は質的にもっと豊かなものとなる。

この時期まで来て反復練習をすると、あらたな発見をするような新鮮な感動が得られることがある。初期の反復は、技能に関する記憶事象の検索インデックスが少数であったため、いわゆる単純な作業であった。ところが、コードが豊かになったこの時点では、ひとつの記憶事象に関連して想起されることの豊かさが一〇倍くらいにも増大している。そのため、反復しながらも、いま反復していることと類縁関係のある多くの事象を思い浮かべているのである。

そのため、得意を最初につくったときのような反復練習をすると、いったんおなじみになっているはずのことがらに、新しくさまざまな意味が付与されて知覚されるので、それが新鮮な感動を生むのである。

しかも初期の反復練習の効果があって、この段階での反復は、あまり大きな集中力なしに、ほぼ自動的にできるから、類縁関係のある事象を思い浮かべていることが、あまり障害にならない。反復しながら、類縁関係のある事象を思い浮かべるプロセスによって、創造性のある思考が芽生えることとすらあるのである。

まとめよう。ここでの反復練習は、自分のコードシステムをチェックし、強化し、類縁関係の連想を豊かにし、全体としてコードシステムを豊かなものにするのに役に立つ。それとともに、自動化されている自分の技能への自信を確認し、ワーキングメモリの処理能力の増大をもたらすことになるのである。

②評論を読む

評論を読むことも上達に有用である。

これまで述べてきた読書は、もっぱら知識の習得や技能の習得に役立つ内容の読書であった。それらは、技能のヒントを直接的に与えるとともに、技能についてのコードやコードシステムを鍛える意義が認められたのである。

コードシステムが完成に近づくと、インデックスが情感を含み、好き嫌いを中心とする評価スキーマが発達することがわかっている。評価スキーマができあがっているほうが、必要事項の記憶検索などが迅速に行われるのであろう。つまり、最終的な記憶検索の迅速さや正確さは、評価スキーマの形成度によって決まってくるのである。

評論というのは、新しい知識を与えるというよりは、ある作品に対する評価を表明する文章である。自分の美的判断などの拠って立つ立場を表明し、その立場から、ある作品なり演奏なりの評価を表明し、読者に自分の評価判断への共鳴を求めて書かれる文章である。

評論を読んで、それに感銘を受けた場合は、論者が示している美的判断を追体験することになる。確固たる方向性のなかった自分の知識が、その追体験の過程で、評価的な色彩を獲得し始める。それによって、コードに評価的インデックスが付与され、コードシステムに、評価スキーマが付与され始めるのである。

評論に同意できない場合、論者の美的判断の立場や、そこに示されている種々の判断に矛盾を探そうという構えで評論文を吟味することになる。評論文を書く人は、通常はその領域に明るいとされる人だから、不同意の構えで文を吟味することは、とても重い負荷を自分自身の思考にかけることになる。その過程で、自分自身の知識や判断や美感を自省することになる。多くの場合、その過程で自分自身のコードシステムの一貫性が高くなる方向へ圧力を受けることになる。その圧力が、自分の認識システムのなかに評価スキーマを生まれさせることになるのである。

したがって、他者の評論に触れることは、記憶事象のコードを増大させる面は弱い反面、コードシステムの一貫性、評価システムの一貫性を進めることになるのである。

③感情移入をする

評論を読むのは、論者の評価システムを追体験して学ぶプロセスだったが、そのようにして学習した評価システムを意識的に忘れるようにして、自分の目で他者の作品や演奏をみつめることが役立つ。その場合のキーワードは、感情移入である。

行為者の立場になって、いろいろなものを思い浮かべてみる。

作陶の場合なら、その作品の姿から、たとえば、作者の手の大きさを思い浮かべ、土の手触りや釉薬の具合を想像してみる。窯から作品が姿を見せたとき、作者が「やった！ラッキーだ！」と思ったか、冷静に「狙いどおりだ」と思ったか、想像してみる。

水彩の風景画なら、心の中で自分がその風景のなかに立ってみる。絵には描かれていないが、風のあたたかさ、つめたさ、空気の香りなどを思い浮かべてみる。

ピアノのカデンツァ（技巧的な即興部）なら、テンポの速いピアニッシモのところの鍵盤の触感を思い浮かべてみる。

碁や将棋なら、得心の一手を指した瞬間の歓喜の高まりや、不用意な一手で、それまでの苦心を無駄にして大切な対局を失ってしまった慚愧《ざんき》の感情を、その対局者に身をおいて思い浮かべてみる。

そのように感情移入してみると、評論家的な評価では高い評価にならないかも知れない作品が自分にとっては魅力的に感じられたり、あるいは、その逆であったりすることが起こってくる。そうしたら、そのことは、現時点での自分にとって、その両方が事実であるのだから、そのまま両方を尊重して記憶に留める。そうして、いわゆる規範的な評価スキーマと異なる評価スキーマを自分が持ち得たことをとりあえず喜ぶのである。

ここからさらに技量が上がると、その自分自身の評価スキーマがまた、規範的な評価スキーマに収斂していくのかも知れない。あるいは逆に、乖離《かいり》していくのかも知れない。いずれにせよ、自分自身の評価というものを体感し始め、模倣でない自分自身の感じ方、考え方に自信を持ち始める手始めとして、感情移入をしてみるのはとても有用なのである。

やがて、感情移入以外にも、自分自身の思考方法を発見するようになる。将棋が上級に達した人は、一般的には「形勢互角」とされるさまざまな局面について、この局面は先手が少しよいとか、この局面は後手が少しよいと判断する自分なりの判断システムを持っているものである。音楽演奏や陶芸でもそうである。

そのような模倣でない自分自身の判断ができるようになることが大切なのだが、その第一歩が、感情移入なのである。

④大量の暗記暗唱をしてみる

これは、技能によって、文字通り可能なものと、そうでないものがある。可能でないものについては、ここで示す原則によって、応用的な鍛錬法を工夫するとよいと思う。

音楽ならば、かなりの大曲を暗譜で演奏する練習をする。

謡も同じである。

英語を上手になろうとする場合でも、長めの有名な文を、できればまるごと覚えてみる。または、語数が五〇〇〇語くらいの暗記用の単語集を買ってきて全部覚える努力をしてみる。中学生の教科書に対応した英和辞典は、一万語ちょっとだけれど、覚えてみようとしてみると、案外、大したことはない。

とにかく、大量の暗記をしてみるのである。

ここまでの段階で、中核になる得意があり、鳥瞰的認知があり、コードもコードシステムもある程度整っている。記憶のための装置が整っているわけである。

ここまで来ると、大量暗記もじつは案外簡単だったことを発見することになる。

また、大量暗記は、ワーキングメモリから長期記憶の形成を日常的に促すため、それを促進するための条件、すなわち、コードやコードシステム、評価システム、自我関与などを間接的に強化する。

人により、ものにより、この大量暗記の期間の長さは、一カ月から一年くらいまでといろいろあるだろうが、この大量暗記の時期を経て、さまざまなものが安定するのである。その安定は、ひとつには、根幹部分の知識が増えること、もうひとつには、暗記のプロセスによってこのような認知システムが鍛えられることである。

よく、丸暗記は役に立たないという議論がある。

それは、コードやコードシステムの形成度を度外視した議論である。

コードやコードシステムが十分に形成されていない初期の時点での大量暗記はあまり役に立たないかも知れない。それは、暗記した事項が不十分なコード化しかされず、コードシステム上も十分機能的な形で位置づけられないからである。そのため、仮に大量の知識が取得されても、検索のための手がかりなどが十分形成されず、活用性の乏しい知識になってしまう恐れが確かにある。けれども、コードやコードシステムが十分に形成された後では、大量暗記で吸収された知識は活用可能な知識となるので、役に立たないということはないのである。

また、この段階まで順調に技能が習得されて来た人の場合、次第に、その技能に対する愛着が深まり、情熱が強くなってくる結果、役に立つか立たぬかというような打算なしに、覚えたいという気持ちが発生してくるのが自然なのである。

少し大量暗記をしてみると、そういう気持ちの発生を実感できることがある。そういう実感があれば、それに従い、強化するのがよい。

さらに、このプロセスによって、自分の人生や生活価値観のなかにおける自我上の位置づけがはっきりとしてくる。いわば、その人の生き方の一部になっていくわけである。

⑤マラソン的な鍛錬をする

マラソン的な鍛錬をすることを考えてみるべき時期である。

英会話なら、一週間ほど、英語ばかりで日本語を使わない環境に自分自身をおいてみる。

将棋なら、一泊二日などの競技会に出てみる。

ジョギングなら、フルマラソンやハーフマラソンに出てみる。

このような機会は、自分で作ってもよいが、催し物への参加のような形で得られることもある。

そういう機会を選んでチャレンジしてみるのである。

この種のマラソン的鍛錬は、時期が早すぎないほうがよいと考えている。早すぎるかなと迷ったら、見合わせるほうがよいと思う。理由はつぎのとおりである。

時期が早すぎると、技能が未完成である。その時期に、マラソン的な鍛錬をすると、悪いクセが固定してしまうことがある。

たとえば英会話などはあまり初めから長い時間やらないほうがよい。会話では、前置詞など間違っていても、実質上あまり問題とならない。アメリカ人相手に会話をしていても、むこうも会話の内容を楽しんでいると、文法的な間違いなどについて誰もなかなか直してくれない。そうすると、間違った前置詞や間違った文法で話していても、一応通じるので、自分でも油断をしてしまい、間違ったまま身についてしまうということが起こる。その段階で、一週間、英語ばかりというような経験をすると、間違いが記憶に固定してしまうのである。長時間かけて間違った記憶がついてしまうとそれを直すのは大変である。

同様のことがいろいろなものについて該当する。

いい加減な指使いでピアノを長時間引き続けると、指の形が崩れてしまう。

スポーツにしてもそうである。フォームが十分安定していない状態で長時間やると、悪いフォームが身についてしまう。

したがって、このマラソン的練習というのは諸刃の剣である。けれども、よい時期にこれをすると、技術が安定し、つぎの進歩への備えができる。

⑥少し高い買い物をする

弘法は筆を選ばずという。本当に上手な人は、粗末な道具でもみごとに使いこなすという意味である。しかし、実際には、上達が道具に左右されることがある。

写真が上手になろうと思えば、ある程度のレベルの一眼レフを買ったほうがよい。一眼レフを使っていったん、いろいろなテクニックを身につけた人なら、オートフォーカスカメラを用いてなかなかよい写真を撮れるということはあるかも知れない。けれども、オートフォーカスカメラしか使っていない人の技量があまり上まで進むということは考えにくい。

テニスのラケットやゴルフのクラブでも同じことが言える。

楽器もそうだ。楽器の価格は低いところから高いところまでずいぶん幅があるものである。はじめは、その楽器が好きになるかどうかもわからないからある程度安い楽器を買うことが多いだろうが、本格的にやろうと心が決まった場合には、ある程度よいものを買ったほうがよい。ひとつには音が違う。綺麗な音を自分で聞く楽しさは、楽器を練習する楽しさそのものであるから、ある程度音が好きになれるくらいのレベルでないと長続きしない。つぎに、表現力が違う。中級クラスから上級クラスの下くらいまでの楽器では、音楽の表現力は価格に対応する。楽器の演奏は、メロディーだけを楽しむものではなく、曲の表現をいろいろ工夫して楽しむものだから、表現力がなくては、楽しさの本質部分が欠けることになる。

将棋や碁では、技量は道具に関係ない。それでも、よい盤駒は、打ち味などがよく、対局相手なしで一人で練習する場合でも、その楽しさに微妙な影響がある。そういうことは存外大きいと思う。

よい道具は当然ながら値段が高い。けれどもその高い値段を出すことが、目に見えない形で自我関与を高め、打ち込む姿勢を支えてくれたりする可能性も否定できない。自我関与を自身で高めるひとつの手段として、妥当な範囲で少しは贅沢を楽しむのが、上達のためにはよいと思われる。

⑦独自の訓練方法を考える

従来やっていた訓練の方法や、自分の先生から受け継いだ訓練の方法をもとにしながらも、訓練法を改善する努力をしてみることは、訓練そのもの以外にも有用である。

訓練法を考えるときは、はっきりとした部分的な目標があることが多い。楽器で特定の指の運びをよくするとか、テニスで決め球を使う試合運びのレパートリーを増やすとかである。当然のことながら、そのような目標の明確化がなければ、訓練の方法を考えることがもともとできない。

ふつうは攻め方を手前にして解く詰め将棋を、上下逆さまにして解いていたアマ強豪の話を覚えておられるだろう。自分の王が危ないことに気づくのが遅いという、自身のクセに対する洞察から生まれた工夫であり、独自の練習法の好例だと考えることができる。

また、やはり将棋の例だが、三十秒将棋といわれる鍛錬法がある。将棋の本番の対局は、ふたりが考慮に用いた時間を別々に測って積算し、規定の持ち時間を使い切ると、一手三十秒とか一分以内に着手しなければならないことになっている。これを秒読みという。プロやトップアマの将棋では、前半が優勢なのに、この秒読みになってから、動揺したり疑問手を指したりして好局を失うことがしばしばあるものだ。そこで、はじめから、持ち時間なしで一手三十秒で着手しなければならないルールで練習試合をするのである。やってみると、案外、将棋の質もそうは悪くならず、ある程度、実力を発揮した将棋が指せるものである。その認識を持つだけで、本番で秒読みになったときの精神状態がぐっと落ち着いてくるものである。これも特殊な鍛錬法の例である。

走り高跳びの背面飛びは、いまでこそふつうの飛び方とされ学校の体育の授業でも教えているが、一九六八年のメキシコオリンピックで優勝したフォスベリーがはじめて用いたフォームである。前例のないまったく奇妙な飛び方に世界中の人が固唾を呑んでテレビを見たものだった。そのときフォスベリーはシューズの片方を赤、他方を青と、違う色にして競技していた。色の違うことにどのような意味があったのかわからないが、訓練の方法としてなにか独自の工夫があったものと考えられる。

水泳で最近用いられる練習法に、まずスピードの感覚だけ実感させるという方法がある。選手にロープをつけ、プールのコースにそって、クレーンで引っ張るような装置を作る。この装置を使って、その選手の目標タイムでまず引っ張るのである。そうして、自分が目標としているスピードで進んでいるときの水の抵抗の感覚など、さまざまなものを経験させるのである。この練習法の導入によって、水泳の訓練法は画期的に進んだということである。いまは一般的となったこの練習法も、最初の頃はずいぶん奇異な練習法だと思われたはずである。

私が自分でやってとても効果のあった練習法に、英語の放送やテープを聞きながら、聞いている英語を、一秒遅れくらいで、どんどん口真似するという練習法がある。少し前に聞いた文を口で繰り返しているとき、耳はつぎの文を聞いているのである。単純なことだが、やってみると存外難しく、聞いた英語が瞬時に理解できていないと、とても口にできないものである。この訓練で、言語の「自動的処理」とでもいうべき能力が高まり、英語の処理の頭脳効率がとてもよくなった記憶がある。いまから振り返ってみると、聞いた英語を再生産する行為と、つぎの文を聞いて理解する行為の両方を同時にしなければならないため、ワーキングメモリが重い負担に耐えられるようになったのであろう。

⑧特殊な訓練法を着想するプロセス

要は、上級者になってくると、特殊な訓練法や、ちょっと工夫のある訓練法を自分が思いつくようになるということなのである。それは、自分自身の能力に対する洞察が細かく育ってくるためである。

このような特殊な訓練法を着想するのは、おおむねつぎの三つの目的のひとつが自覚されたときである。

（1）自分の技能を部分的に強化する
（2）自分の部分的な限界を確認する
（3）洞察を得る

上級者は中級者に比べて、自分の技能について、より分節化の進んだ認知を持っている。自分の技能の全体的レベルに満足できないとき、中級者ならたんに「努力が足りない」というくらいの認識で、全体的努力を強化したり、練習量を増やしたりするくらいしか思い浮かばないが、上級者なら、部分的な技能の強化に着想がおよぶ度合いが高い。そのなかには、中級者や、その技能に詳しくない人の目には奇異に映るものさえあるかも知れない。たとえば、スピードスケートの選手が、はっきりした考えがあって、手の握力の強化をしていると、スケートをしない我々には、奇異に感じられる。けれども、握力が手の振りに影響していて、スケートのバランスに影響しているという部分的技能についての洞察に基づくものである可能性があるわけである。

上級者が自分の弱点になっている部分的技能の不足を別の部分的技能の向上で補おうとするとき、その弱点が本当に改善しにくいのかどうかを確認する必要に迫られることがある。それが、二番目の、「自分の部分的な限界を確認する」という目的の特殊訓練法である。

たとえば、将棋では「手を読む」というのは部分的技能のひとつだが、何手先までをどのくらいの時間でクリアにイメージして「読む」ことができるのかには、かなり大きな個人差がある。そこで、どうしても読む手数やスピードが向上しないのならば、他の技術でそれをカバーしなければならなくなる。大局観という、局面を総合的に評価する技能や、手割り計算の技能などを充実することが必要となる。また、読みの技能が重要になる戦型を避けるという工夫も必要になるのだが、そのような調整をする前に、本当に読みの能力がもう上がらないかどうかを、自分なりに確認する必要が出てくるわけである。そして、特殊な訓練法によっても読みの能力があがらないということに確信が持てれば、自分のレパートリーの変更に確信を持って踏み切ることができるようになるのである。

このような特殊な訓練をやってみることによって、自分の技能の質や個人差に洞察をふくらませることができるが、それと同時に、他者の技能や、あるいはその技能そのものの性質に洞察を得ることができる。この洞察は、広域的知識と精密練習の両方によって支えられたその人の技能観に、新しい豊かさを加えてくれることになるのである。

⑨独自の訓練から基本訓練に立ち返る

音楽を学ぶ場合、ソルフェージュというものを一時期必ず学ぶことになっている。ソルフェージュとは、楽譜を見て、楽器を使わずに、音符を声で歌う練習である。そのソルフェージュの教本を見てみると、ピアノ曲でも、どんな器楽曲でも、めったにないと思われるような不自然なメロディーや不自然なリズムが多い。それは読譜の能力を他の能力とはかかわりなく引き上げようという意図のある練習曲が多いからである。本書の観点では、これなど、特殊訓練のひとつだと考えられる。ソルフェージュをやることで、音楽の基本がぐっと身につくことがわかっているから、従来、これを練習することになっている。

ここで特殊訓練と言っているものは、その技能を深く理解しない人からは特殊な訓練にみえるだけのものであって、それを考え、生み出した当人にとっては、ごくあたりまえで、かつ自分にとってもっとも効率のよい訓練であるのにすぎない。

むしろ、自分自身の技能の構造に洞察が生まれ、そのときどきの自分にもっともすぐれた訓練法がユニークな形で着想されることが大切である。

自分独自の訓練法を生み出すことができるというのも、上級者である大きな目印なのである。

このように特殊な訓練法でも編み出すことができるレベルに達すると、こんどは、伝統的なごくふつうのトレーニングをしていても、ちょっとした心構えや注意の向け方を変えるだけで、同じ練習に異なる意味を持たせることができることもわかってくる。そうなると、従来やっていた、得意型の精密訓練や暗唱型訓練などの同じ素材を用いながら、いままでとは異なる部分的技能の強化をはかることもできるようになり、訓練の豊かさが全然違ってくるのである。

相撲のしこを踏むというもっとも基礎的な訓練でも、それをしているときに頭のなかでなにを考えなにをイメージしているかによって、豊かな内容にもなれば乏しい内容にもなるという談話を聞いたことがある。同様のことを、バットの素振りについても聞いたことがある。CDウォークマンで音楽を聴きながらしこを踏んでいるような人が上位に進めない理由はこんなところにもあるのだ。

⑩なにもしない時期を活かす

「水泳は冬に上手になり、スキーは夏に上手になる」という言葉がある。なにもしない間にスキーマが整理され、上手になるという意味である。上級者になると、なにもしないことがむしろ必要な場合のあることが次第に納得できるようになる。

子どもの頃、父親からピアノを教えられていた。夜寝る時間までどうしても弾けるようにならないフレーズがあると、父はよく「朝起きてすぐ弾いてみなさい」と言って、寝かしつけたものだった。朝一番に弾いてみると、あれほどつまってひっかかったのが嘘のようにすんなりと弾けるようになっていたという経験が何度もある。

睡眠は、頭のなかを整理する貴重な時間である。一般に夢を見ているのは、昼間に蓄えた情緒的な葛藤を処理するためだが、それ以外にも、宣言型知識や手続き型知識の整理もしている。そのことによって、スキーマの一貫性が高くなるのであろう。

長年訓練を続けてきた技能についても、しばらく訓練をやめたほうがうまくいくという感じがしてくることがある。多くは、いま現在のコードシステムやスキーマと、習得あるいは変容しつつあるコードシステムやスキーマの葛藤が、十分に意識はできないが、自覚できるというようなときである。そのほか、スランプに差し掛かっているときもそうである。

そういうとき、思い切ってなにもしない時期を作るのも上級者の特徴のひとつである。

私の知っているチェリストは、リサイタルなどがあると、一時期猛烈に練習をするが、ひととおり曲が弾け暗譜で弾けるようになると、一週間から二週間くらいも、全然チェロを手にしなくなるそうである。たまに手にしても、お弟子さんにレッスンをつける程度で、その曲は弾かなくなる。まわりの人は、あんなに長い期間弾かないで大丈夫かとヒヤヒヤするらしいのだが、本人は、そういう期間に曲に対するイメージがふくらみ、自分の解釈も洗練されるというのだ。そして、リサイタル直前にその曲に戻ってくると、ようやく新鮮な感性で演奏に取り組むことができるというのである。

休憩の効果について、心理学的に十分わかっているとは言えない。しかし、心理的飽和を下げるというほかに、スキーマやコードの整理をし、一貫性を高めるポジティブな効果があることが経験的にうかがわれるのである。

おわりに

筆を擱《お》くにあたり、本書執筆の動機のひとつに、現今の学校教育への危惧があったことを書き留めておきたい。

学校教育の教育機能は大きくふたつをあげることができると思う。ひとつは、学ばせる必要のあることを身につけさせる、という機能である。これを「知識習得機能」と呼ぶことにする。

もうひとつは、学ぶ経験をとおして、自分の能力への信頼感や、将来も必要なことを身につける意欲や、自分自身の知的成長と人格的成長についての内発的動機を持たせるという機能である。これを「学習性獲得機能」と呼ぶことにしよう。そのなかに、上達の法則の体得も含まれる。幸い、このふたつの機能は両方とも、教科学習を中心とする学習から得られるが、不幸なことに、教科学習に「学習性獲得機能」も含まれることが看過されがちである。

この十数年、旧文部省、現文部科学省は、学校教育における教科内容と教科時間の削減に多くの努力を費やしてきた。削減の基準は、教科から与えられる知識が、ただちに役立つかどうかという実利的な観点である。その観点から削除や削減になった教科内容のなかに、学習性獲得に大切なものがたくさん含まれていたように思われる。

学習の場は知識習得の場であると同時に、自分自身の学習能力を発見し、それをとおして、ささやかながらも自尊心や、人生への肯定的な構えを獲得する場であるはずである。小学生に鉄棒の逆上がりや飛び箱を教えるのは、それらが役に立つからではない。逆上がりや飛び箱ができる人がクラスにつぎつぎと増えていくなかで、自分なりに努力し、工夫し、友達の応援などを受けながら、やっとできたという喜びを経験させるためである。その喜びを経験したときに、子ども達は、それぞれ、なにかを摑むのである。上達の法則がその延長にある。

学年があがって、英単語を覚えたり、イソップ童話を英語で暗唱したり、数学の因数分解に苦しんだり、微積分をやってみるのにも、そういう要素がある。

そのようななかで、知識とは別に、自信と自尊心が育ち、学習や人生などへの楽観的な構えが形成されるのである。それを過小評価し、実利的観点だけから、「円周率は3」と教えてこと足りるとする観点、英単語は大学入試問題に頻出する単語数だけを覚えれば足りるという観点、微積分は文科系には役に立たない（大きな誤認だが）からやらなくてよいという観点は、いずれも、あやまっている。

この学習性の獲得は、上達を経験することによって起こる人格的な変化である。現在の学校における教科軽視がこのまま続いていくと、知識そのものはともかく、若い時代に上達を経験してこなかった人たちが増え、それが、日本人の精神生活の新しい貧しさとなってやがて顕在化するのではないかという危惧を持っている。上達という体験が、学校や家庭で経験として伝承されにくくなったいま、せめてそのエッセンスを法則という知識の形を借りて記述しておく必要を感じたのである。

私自身の上達の経験の本格的なものは、学校教育の中核のひとつである英語から始まっている。

英語の学習を始めたのは、ふつうどおり、中学一年生になったときである。なぜか、しばらくしたら「十八歳のときに、十八歳のアメリカ人と同等に話し合えるようになりたい」と思い立った。そうして、それが、切実な欲求となった。その目標を達成したのは、一年遅れの十九歳のときである。ミッションスクールという恵まれた環境にはいたものの、基本的には独学であった。あえて言えば、「ふつうの順序で英語を勉強したのでは、十八歳の英語力を身につけるのには十八年かかることになる。なにか工夫をし、どこかで無理をしなければ、そんな目標は達成できない」という父の言葉が師匠代わりであった。

このかなり無理な課題をこなすために、いろいろと珍妙な練習法を自分で編み出した。いまから振り返ると、珍妙ではあっても、上達の法則にかなっていたものがかなりあったようである。このときの英語の上達法が、後に他のものの習得を目指すときの思考の原点になっている。

英語以外にも手を染めたものは多い。もちろん、すべて上達したわけではない。上達しなかったものも少なくない。それはそれでよいと考えている。上達したものと上達しなかったものがあったから、上達の要諦を知ることができたと考えている。

私の仕事は社会心理学の研究と教育である。そのなかでもリスク認知心理学と呼ばれる最新の分野を専門にしている。この学問領域は、研究法の新陳代謝が速く、つねに新しい手法をとりいれていくことが運命づけられている。新しい実験手法や測定法、統計分析手法を比較的難なくとりいれてこれまで研究してくることができた。

また、JCOの核臨界事故の調査委員の委嘱を政府から受けたときも、畑違いの原子物理学の初等知識を高校生レベルから学び直して、事故調査参加に間に合わせることができた。

新しいチャレンジを上達の機会と捉える構えがあったおかげで、自分の職業生活を豊かなものにすることができた。

本文には書かなかったが、私が上達したケースには、ある共通点がある。それは、いずれも、最初のうちの進歩が遅かったことである。たとえば、茶道では、最初の二年ばかりは、同時に始めた数人のなかで点前の習得がもっとも遅かった。いまでも師匠が語り種《ぐさ》にしておられるほどである。その時期、ふつうの人が疑問に思わないことを疑問に思い、さかんに師匠に質問をしていたことを覚えている。結局、私の場合、スキーマを作り始めるのに時間がかかるようである。そうして、スキーマがうまく形成できた時点で、はじめて、上達の効率が上がるようなのである。

技能に自分なりの洞察を持ち、その洞察に基づいて、自分独自に工夫したトレーニング法がみごとに実るという経験をひとりでも多くの方にしていただきたいと思う。上達はたんに時間や努力の量だけでは達成できない。そこに、努力すること、ひいては生きることのロマンが存在するのである。

上達の結果、「見え方」の変わる瞬間があると、何度も強調した。それを多くの方に経験していただきたい。見え方の変わるとき、偶然接した風景や、偶然耳にした言葉が機縁となることが多い。そういう時期は、内的な緊張がつのり、スキーマがわずかな刺激で大転換するところまで来ている。ほとんどなにを見ても大転換のきっかけになり得るところまで問題意識が熟しているのである。

したがって冷静に見れば、そういう瞬間に、ある刺激に接して「見え方」が一度に変わるのには必然性がある。偶然ではない。けれども、本人にとっては、それはあくまで奇縁であり、奇跡である。あのときに、あの風景、あの人、あの言葉に接したからこそ、「見え方」が大転換したという記憶が、自分の生涯におけるささやかなひとつの奇跡として記憶されることになる。そういう奇跡の訪れは、生きるロマンの最高のものである。

上達への思いは、人との奇縁をも豊かに人生にもたらしてくれる。師匠との出会い、兄事の相手との出会い、ライバルとの出会い。この人と出会えたからこそ自分はここまで来られたという奇縁をもたらしてくれる。そのような出会いもまた人生のロマンのひとつなのである。

本書をお読みくださった方々がひとりでも多くそのようなロマンを味わってくださることを祈りつつ筆を擱《お》く。

なお、小著に編集の冴えを発揮してくださった阿達真寿さんに深謝申し上げる。著作活動をとおしての十余年にわたる阿達さんとの交流も、著者として大きな奇縁のひとつであった。そのことを、いま、あらためて思い起こしている。

平成十四年五月

岡本浩一

PHP新書

PHP INTERFACE
http://www.php.co.jp/

岡本浩一［おかもと・こういち］

1955年大阪府生まれ。社会心理学者。東洋英和女学院大学人間科学部教授。1980年、東京大学文学部社会心理学専修課程卒業。同大学院社会学研究科博士課程を経て社会学博士。専門はリスク心理学。文部科学省の委員、通産省技術顧問、カーネギーメロン大学大学院学位審査委員、ISPP（国際政治心理学会）理事など、内外で多くの要職を歴任。また、茶道を修め、茶道誌「淡交」に「茶道心講」を連載。裏千家淡交会巡回講師。趣味の将棋は四段。主な著書に、『無責任の構造』（PHP新書）、『リスク心理学入門』（サイエンス社）、『能力主義の心理学』（講談社現代新書）、『もっと話せる絶対英語力!』（角川oneテーマ21）、『心理学者の茶道発見』（淡交社）、『十一人の棋風』（ブレーン出版）など。また、本書の続編『スランプ克服の法則』（PHP新書）も好評既刊。

上達の法則

効率のよい努力を科学する

PHP新書 203

二〇〇二年五月二十九日 第一版第一刷
二〇〇六年三月三十日 第一版第十三刷

著者――岡本浩一
発行者――江口克彦
発行所――PHP研究所
東京本部――〒102-8331 千代田区三番町3-10
新書出版部 ☎03-3239-6298
普及一部 ☎03-3239-6233
京都本部――〒601-8411 京都市南区西九条北ノ内町11
制作協力 組版――PHPエディターズ・グループ
装幀者――芦澤泰偉＋野津明子
印刷所 製本所――図書印刷株式会社

© Okamoto Kouichi 2002 Printed in Japan
落丁・乱丁本は送料弊所負担にてお取り替えいたします。
ISBN4-569-62198-8

ＰＨＰ新書刊行にあたって

「繁栄を通じて平和と幸福を」(PEACE and HAPPINESS through PROSPERITY)の願いのもと、ＰＨＰ研究所が創設されて今年で五十周年を迎えます。その歩みは、日本人が先の戦争を乗り越え、並々ならぬ努力を続けて、今日の繁栄を築き上げてきた軌跡に重なります。

しかし、平和で豊かな生活を手にした現在、多くの日本人は、自分が何のために生きているのか、どのように生きていきたいのかを、見失いつつあるように思われます。そして、その間にも、日本国内や世界のみならず地球規模での大きな変化が日々生起し、解決すべき問題となって私たちのもとに押し寄せてきます。

このような時代に人生の確かな価値を見出し、生きる喜びに満ちあふれた社会を実現するために、いま何が求められているのでしょうか。それは、先達が培ってきた知恵を紡ぎ直すこと、その上で自分たち一人一人がおかれた現実と進むべき未来について丹念に考えていくこと以外にはありません。

その営みは、単なる知識に終わらない深い思索へ、そしてよく生きるための哲学への旅でもあります。弊所が創設五十周年を迎えましたのを機に、ＰＨＰ新書を創刊し、この新たな旅を読者と共に歩んでいきたいと思っています。多くの読者の共感と支援を心よりお願いいたします。

一九九六年十月

ＰＨＰ研究所

PHP新書

030 聖書と「甘え」 土居健郎
047 「心の悩み」の精神医学 野村総一郎
053 カウンセリング心理学入門 國分康孝
065 社会的ひきこもり 斎藤 環
101 子どもの脳が危ない 福島 章
103 生きていくことの意味 諸富祥彦
111 「うつ」を治す 大野 裕
119 無意識への扉をひらく 林 道義
138 心のしくみを探る 林 道義
148 「やせ願望」の精神病理 水島広子
159 心の不思議を解き明かす 林 道義
160 体にあらわれる心の病気 磯部 潮
164 自閉症の子どもたち 酒木 保
171 学ぶ意欲の心理学 市川伸一
196 〈自己愛〉と〈依存〉の精神分析 和田秀樹
161 インターネット的 糸井重里
188 おいしい〈日本茶〉がのみたい 波多野公介

[知的技術]

003 知性の磨きかた 林 望
017 かけひきの科学 唐津 一
025 ツキの法則 谷岡一郎
074 入門・論文の書き方 鷲田小彌太
075 説得の法則 唐津 一
112 大人のための勉強法 和田秀樹
115 書くためのパソコン 中野 明
127 電子辞典の楽しみ方 久保田博南
130 日本語の磨きかた 林 望
145 大人のための勉強法 パワーアップ編 和田秀樹
158 常識力で書く小論文 鷲田小彌太
180 伝わる・揺さぶる！ 文章を書く 山田ズーニー

[人生・エッセイ]

001 人間通になる読書術 谷沢永一
021 日本人はいつから〈せっかち〉になったか 織田一朗
087 人間通になる読書術・実践編 谷沢永一
122 この言葉！ 森本哲郎
147 勝者の思考法 二宮清純